解答用紙　英語－1

得点	/100点

1

(2点×10) 計20点

A	1		2		3		
B	1		2		3		4
C	1		2		3		

2

(2点×10) 計20点

A	1		2		3			
	4		5		6			
B	①		②		③		④	

3

(2、4　2点×4) (1、3　4点×3) 計20点

1		2	①	②
3	㋐			
	㋑			
4	、			

4

(1、3　4点×3) (2、4、5　2点×4) 計20点

1	①		
	②		
2	㋐	㋑	
3			
4		5	

5

(1、2、3、5　2点×6) (4　4点×2) 計20点

1	①			
	②			
2	A	B	3	
4	ⓐ			
	ⓑ			
5				

解答用紙　　英語－2

得点	/100点

1

(A、B、C ①～③　　2点×10) (C ④　　4点) 計24点

A	1		2		3			
B	1		2		3		4	
C	①		②		③			
	④	They (　　　　)(　　　　)(　　　　)(　　　　).						

2

(A　　2点×4) (B　　4点×2) 計16点

A	1		2		3		4	
B	①							
	②							

3

(1　　2点×2) (2、3、4　　4点×4) 計20点

1	①	②	2	
3	㋐			
	㋑			
4	、			

4

(1、3　　4点×3) (2、4、5　　2点×4) 計20点

1	①			
	②			
2	㋐		㋑	
3				
4		5		

5

(1、3、4　　4点×4) (2、5　　2点×2) 計20点

1	①		
	②		
2		3	
4			
5			

解答用紙　数学－１

	/100 点

1 /15 点	(1)	
	(2)	
	(3)	
	(4)	
	(5)	

各 3 点

2 /32 点	(1)	
	(2)	$x =$
	(3)	cm^2
	(4)	
	(5)	度
	(6)	
	(7)	
	(8)	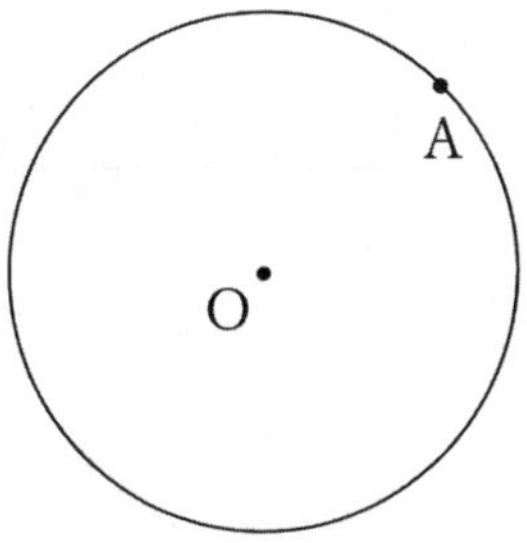

各 4 点

3 /7 点	(1)	
	(2)	倍

(1)は 3 点，(2)は 4 点

4 /8 点	答 { プリン　円 シュークリーム　円

完答で 8 点

5 /16 点	(1)	
	(2)	km
	(3)	
	(4)	km

各 4 点

6 /12 点	(1)	度
	(2)	cm
	(3)	cm^2

各 4 点

7 /10 点	(1)	ア	
		イ	
		ウ	
	(2)		度

(1)は各 2 点　(2)は 4 点

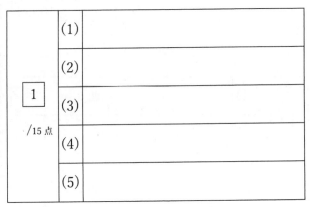

解答用紙　数学－2

/100 点

1 /15 点	(1)	
	(2)	
	(3)	
	(4)	
	(5)	

各 3 点

2 /29 点	(1)	
	(2)	
	(3)	$x =$
	(4)	$b =$
	(5)	
	(6)	
	(7)	cm
	(8)	

(1), (2), (3) は各 3 点　他は各 4 点

3 /12 点	(1)	
	(2)	本
	(3)	

各 4 点

4 /11 点	(1)	通り
	(2)	
	(3)	

(1) は 3 点　他は各 4 点

5 /11 点	(1)	
	(2)	
	(3)	

(1) は 3 点　他は各 4 点

6 /11 点	(1)	
	(2)	
	(3)	番目

(1) は 3 点　他は各 4 点

7 /11 点	(1)	$y =$
	(2)	
	(3)	

(1) は 3 点　他は 4 点

解答用紙　社会－1

得点	/100点

1 計25点	1	(1)	(2点)
		(2)	(2点)
		(3)	(2点)
		(4)	(2点)
		(5)	(2点)
	2	(1)	(3点)
		(2)	(2点)
		(3)	(2点)
		(4)	(5点)
		(5)	(3点)

2 計25点	1	(1)	i	(2点)
			ii	(2点)
		(2)		(3点)
		(3)		(3点)
		(4)		(3点)
	2	(1)		(3点)
		(2)		(3点)
		(3)		(3点)
		(4)		(3点)

3 計25点	1	(1)		(2点)
		(2)		(2点)
		(3)		(2点)
				(2点)
		(4)		(2点)
		(5)		(2点)
	2	(1)		(2点)
		(2)		(2点)
		(3)		(2点)
		(4)		(2点)
		(5)		(5点)

4 計25点	1	(1)		(2点)
		(2)		(2点)
		(3)		(2点)
		(4)		(2点)
		(5)	、	(完答3点)
	2	(1)		(2点)
		(2)	、	(完答4点)
		(3)		(2点)
		(4)		(2点)
		(5)	→ →	(4点)

解答用紙　社会－2

得点	/100点

1 計24点	1	(1)		(2点)
		(2)		(2点)
		(3)		(2点)
		(4)		(2点)
		(5)	あ	(2点)
			い	(2点)
	2	(1)	I	(2点)
			II	(2点)
		(2)	I	(2点)
			II	(2点)
			III	(2点)
		(3)	、	(完答2点)

2 計25点	1	(1)	、	(完答2点)
		(2)	、	(完答2点)
		(3)		(2点)
		(4)		(2点)
		(5)		(3点)
	2	(1)		(2点)
		(2)		(3点)
		(3)		(3点)
		(4)		(2点)
				(2点)
		(5)		(2点)

3 計27点	1	(1)		(2点)
		(2)		(2点)
		(3)		(2点)
		(4)		(2点)
		(5)	、	(完答2点)
	2	(1)	あ	(2点)
			い	(2点)
			う	(2点)
		(2)	北朝	(2点)
			南朝	(2点)
		(3)		(3点)
		(4)	→　→	(2点)
		(5)		(2点)

4 計24点	1	(1)		(2点)
		(2)		(2点)
		(3)		(2点)
		(4)		(2点)
		(5)		(2点)
	2	(1)	ア	(2点)
			イ	(2点)
		(2)		(2点)
		(3)		(2点)
		(4)		(2点)
		(5)	I	(2点)
			II	(2点)

解答用紙　理科－1

/100 点

1 /25 点				
	1	(1)		
		(2)		
		(3)	①	
			②	
		(4)	i	
			ii	
	2	(1)	①	→　→　→
			②	
			③	記号 / 名称
		(2)	i	
			ii	

2 (1)①は 3 点，他は各 2 点

2 /25 点				
	1	(1)		
		(2)		
		(3)		
		(4)		
	2	(1)	a	
			b	
		(2)		
		(3)		%
		(4)		

1(3), 2(3)は各 4 点，　1(2)(4), 2(4)は各 3 点，　他は各 2 点

3 /25 点			
	(1)		
	(2) 完答	X	
		Y	
		Z	
	(3)		
	(4)		
	(5)		
	(6)	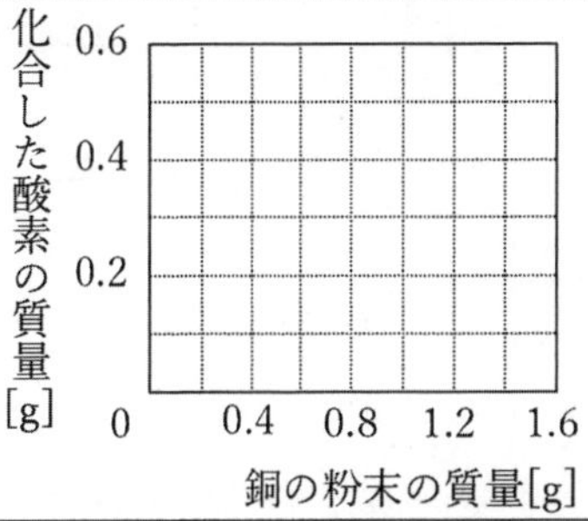	
	(7)		
	(8)		g

(6)は 4 点，他は各 3 点

4 /25 点				
	1	(1)		
		(2)		
		(3)		
		(4)		
	2	(1)		
		(2)		cm
		(3)	①	
			②	

1(4)は 4 点，他は各 3 点

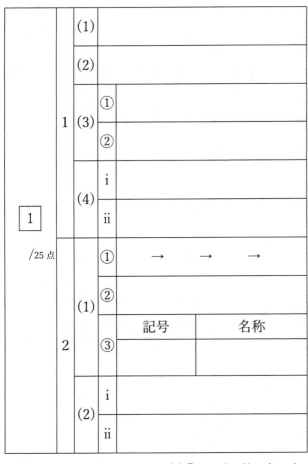

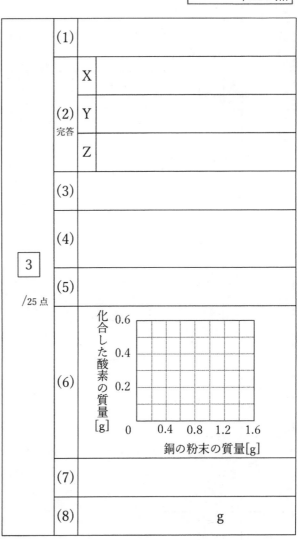

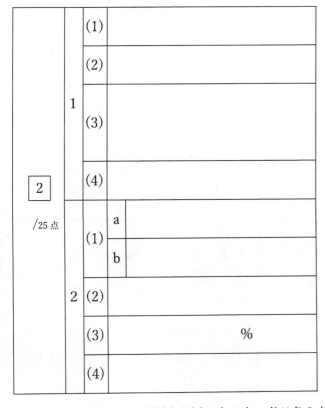

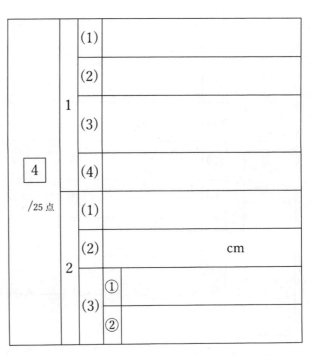

解答用紙　理科－2

/100 点

1 /25 点	1	(1)		
		(2)		
		(3)		
		(4)		
	2	(1)		
		(2)		
		(3)		→ →
		(4) 完答	①	
			②	
		(5)	X	
			Y	

1(2), 2(1)(2)(3)(4)は各 3 点，他は各 2 点

2 /25 点	1	(1)		
		(2)		
		(3)		
		(4)		
	2	(1)		
		(2)		A
		(3)		W
		(4) 完答	①	
			②	
			③	

1(2)は 4 点，他は各 3 点

3 /25 点	1	(1)			
		(2)			
		(3)			g
		(4)			
	2	(1)	①		
			②	i	
				ii	
			③		
		(2)	①		秒
			②		

1(2)(3), 2(1)①　(2)①②は各 3 点，他は各 2 点

4 /25 点	1	(1)		hPa		
		(2) 完答		天気	風向	風力
		(3)				
		(4)	①			
			②			
	2	(1)				
		(2)	a			
			b			
		(3)				
		(4)				

1(1)(2)(3), 2(3)(4)は各 3 点，他は各 2 点

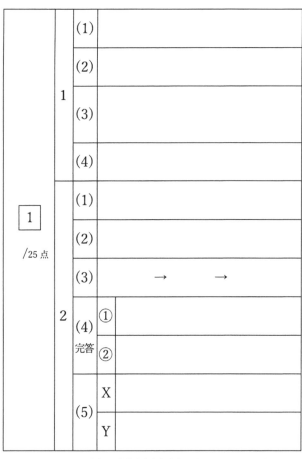

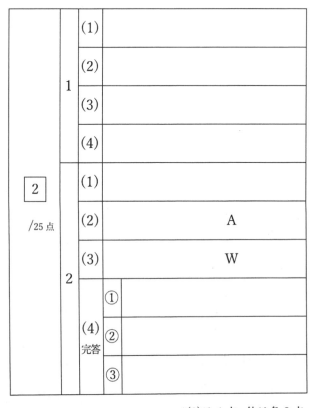

国語―1　解答用紙

/100点

一

1	2	3	4

各2点

二

1	2	3	4
シンチョウ	ジュウタイ	シュウショク	ザツダン

各2点

三

1	2	3	4	5(完答)	6

5は6点、他は各4点

四

1	2	3	4	5

各4点

五

1	2	3	4

各5点

六

18点

・八行に満たない場合、文章が完結していない場合は不可。
・表記、文法等、原稿用紙の使い方に誤りがなければ四点。
・伝えたい「和食」のすばらしさとその理由ついて書かれていれば十四点

国語—2　解答用紙

一

1	2	3	4
収拾	貢献	繁茂	緩む

各2点

二

5	6	7	8
サンサク	センモン	コンカン	ハクネツ

各2点

/100点

三

1	2	3	4	5	6

5,6は各4点、他は各3点

四

1	2	3	4（完答） i	4（完答） ii	5	6

2は6点、他は各3点

五

1 ①	1 ⑦	2	3	4	5

1①⑦は各2点、他は各4点

六

1	2	3	4

4は17点、他は各2点

- 八行に満たない場合、文章が完結していない場合は不可。
- 表記、文法等、原稿用紙の使い方に誤りがなければ四点。
- 手紙を書くことの良さについて書かれていれば十三点

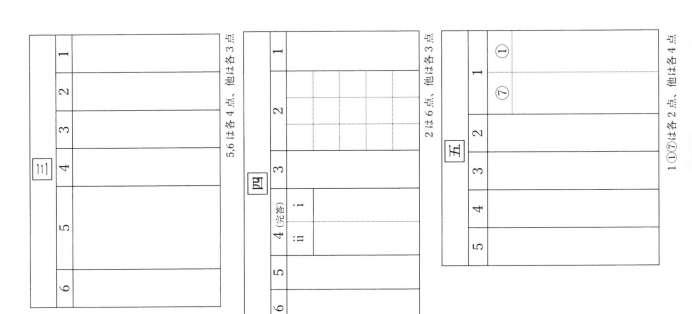

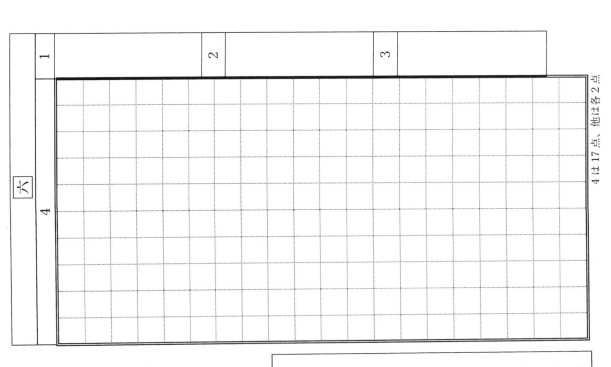

リスニング音声のご利用方法

※リスニング音声は年度末（令和７年３月末日）までご利用可能です。本商品を中古品としてご購入された場合など、配信期間の終了によりご利用頂けない場合がございますのでご注意下さい。

QR コードからお聴き頂く場合

英語の各テストの１ページ目左上に QR コードが付いています。お手元のスマホやタブレットのカメラアプリ等で読み取って頂くとリスニングページが開きます。ページ内の音声プレイヤーでテスト音声を再生して下さい。

ホームページからお聴き頂く場合

下記 URL を Google 等のブラウザに入力し、リスニングページを開いて下さい。

https://www.goukaku-dekiru.com/nyushi-rensyu12

～アンケート募集中～

一人でも多くの受験生を合格に導くために、みなさんのご意見、ご感想が力になります。

よりよい問題集づくりにご協力よろしくお願いします！

合格できる　読者アンケート

スマートフォン・タブレットで読み込んでリスニング音声が聞けます。詳しくはP.11の「リスニング音声のご利用方法」をご覧ください。

英語－1

1　次のA、B、Cの問題は、リスニングテストです。

A　これから、ナンバー1からナンバー3までの対話が流れます。それぞれの対話の後に、質問が続きます。それぞれの質問に対する答えとして最も適当なものを、ア～ウから1つずつ選び、記号で書きなさい。

1

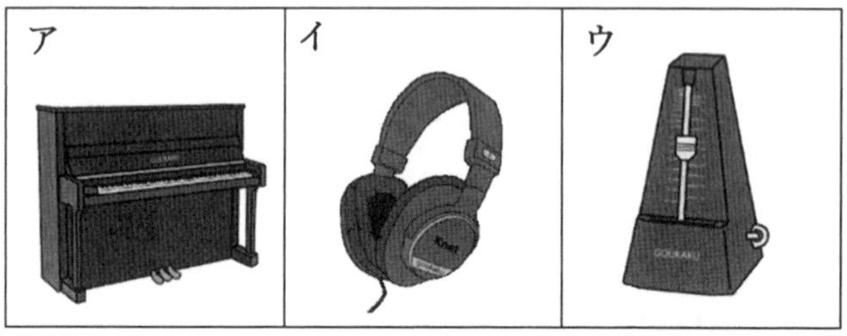

2

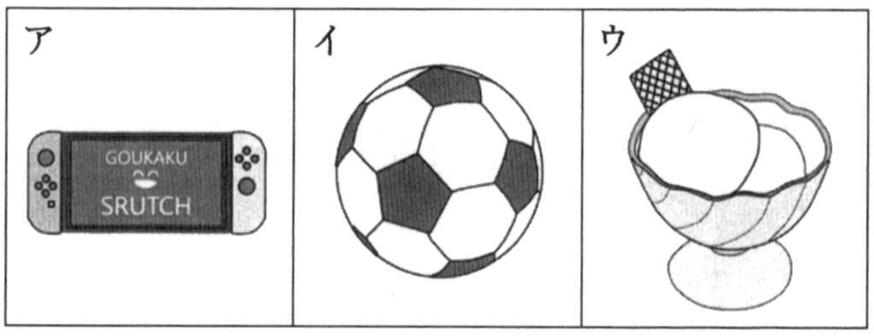

3

(Janet)　(Nancy)　(Linda)　(Janet)　(Nancy)　(Linda)　(Janet)　(Nancy)　(Linda)

B　これから、ナンバー1からナンバー4までの対話が流れます。それぞれの対話の後に、質問が続きます。それぞれの質問に対する答えとして最も適当なものを、ア～エから1つずつ選び、記号で書きなさい。

1　ア Yes, he did.　イ No, he didn't.　ウ Ken did.　エ Nancy did.

2　ア They were going to the cafe.　イ They were drinking water.
ウ They were playing tennis.　エ They were dancing.

3　ア It was a cake.　イ It was a bike.　ウ It was nice.　エ It was a cap.

4　ア In Yumi's house.　イ In the library.　ウ In a bookstore.　エ In the classroom.

C　留学生のアンディ(Andy)は、趣味のつりについて英語でスピーチをしました。これからその内容を放送します。その後に、質問が3つ続きます。それぞれの質問に対する答えとして最も適当なものを、ア～エから1つずつ選び、記号で書きなさい。

1　ア With Shin.　イ By train.　ウ In the water.　エ From Canada.

2　ア Because they love fishing.　イ Because the fish was delicious.
ウ Because the river was beautiful.　エ Because they caught many fish.

3　ア In Canada.　イ By the river.　ウ At home.　エ In the beautiful nature.

2 A　次の英文の（　　　　）に入る最も適当な英語１語を答えなさい。

1　彼は教師になりたいです。
He (　　　　) to be a teacher.

2　スミス先生は車を２台持っています。
Mr. Smith has two (　　　　).

3　ジョンは今どこにいますか。
(　　　　) is John now ?

4　あの本を読んでいる男性はだれですか。
Who is that man (　　　　) a book ?

5　私はその時テレビを見ていました。
I was (　　　　) TV then.

6　あなたは今宿題をしなくてはなりません。
You (　　　　) do your homework now.

B　中学生のリュウジ（Ryuji）と留学生のジョニー（Jonny）は、レストランのメニューを見ながら英語で話しています。次は、その対話です。英文の①～④の（　　　　）に当てはまる英語を１語ずつ書き入れなさい。ただし、（　　　　）内に示された文字で書き始め、完全な形で書くこととします。

～この町でいちばん大きいレストラン～
リストランテ合格
＜おすすめメニュー＞
一番人気！！：　カレーライス
7月のスペシャルメニュー：　スペシャルサンドイッチ
お食事の後にデザートのアイスクリームが付きます！

Jonny：Wow.　This restaurant is big.
Ryuji：Yes.　It is the ①(b　　　　) in this town.
Jonny：Do you often come here ?
Ryuji：Yes.　I often come here with my family.　Let's see the menu.
Jonny：Well, what should I eat ?
Ryuji：Curry and rice is the most ②(p　　　　).
Jonny：Will you eat curry and rice ?
Ryuji：I ate curry and rice last night.　I will eat the special sandwich.
It's a special menu for ③(J　　　　).
Jonny：I will eat the special sandwich, too.
Ryuji：We can eat ice cream ④(a　　　　) lunch.
Jonny：Yeah.　I love ice cream.

3 次の、中学生のアケミ(Akemi)と留学生のリンダ(Linda)の対話を読んで、1〜4の問いに答えなさい。

（注） firework＝花火　　*yukata*＝浴衣《ゆかた》

Linda : What time do the fireworks start ?

Akemi : They start at 6:00. So, we have to leave home by 5:00.

Linda : It's 4:00 now. We still have time.

Akemi : Yeah. Hey, Linda, look at this.

Linda : What a beautiful *yukata* ! Is it [①] ?

Akemi : No. This is my mother's *yukata*.

Linda : Are you going to wear it ?

Akemi : No. I have my *yukata*. I borrowed it from her for you. You ㋐【tall / as / my mother / are / as】, so you can wear it. Why don't you try wearing this *yukata* today ?

Linda : Really ? I want to wear it. Thank you.

Akemi : You ㋑【it / beautiful / more / will / wear / you / if / be】.

Linda : I'm very excited. I want to take a lot of pictures with you.

Akemi : [②] You should show the pictures to your family in America.

1 次の質問に対する答えを英語で書きなさい。

Does Akemi have her *yukata* ?

2 [①]、[②] に当てはまる最も適当な語を、次のア〜エからそれぞれ1つずつ選び、記号で書きなさい。

① ア you　　イ your　　ウ yours　　エ *yukata*

② ア You're welcome.　　イ Here you are.　　ウ Don't worry.　　エ Me, too.

3 ㋐、㋑の【　　　　】の中の語を正しい語順に並べかえなさい。

4 対話の内容と合うものを、次のア〜オから2つ選び、記号で書きなさい。

ア 花火は5時に始まる。

イ アケミとリンダは急がないと花火に間に合わない。

ウ アケミはリンダのために母から浴衣《ゆかた》を借りた。

エ リンダはアケミとたくさん写真を撮りたい。

オ アメリカのリンダの家族も花火が好きだ。

4　次の英文は、中学生のサエコ(Saeko)が、英語の授業で「家族でイチゴ狩りに行ったこと」というタイトルで発表したスピーチの原稿です。よく読んで、1〜5の問いに答えなさい。

（注） strawberry picking＝イチゴ狩り　　farm＝農園　　pick＝…をつむ、もぐ　　scissors＝ハサミ
basket＝かご、バスケット　　each other＝たがい(に)

I enjoyed strawberry picking with my family during winter vacation. I like fruit. I like strawberries the best. My sister likes strawberries, too. So, we were very happy to eat a lot of strawberries. Today, I will tell you about it.

We went to a strawberry farm by bus. On the bus, I said to my sister, "I am very excited. How many strawberries do you want to eat ?" She said to me, "I want to eat more than one hundred strawberries."

Before we started picking strawberries, a man of the strawberry farm told us two ㋐(rule) of strawberry picking. First, we have to stop picking strawberries after one hour. Second, <u>if strawberries are still green, we cannot pick them.</u> We ㋑(borrow) scissors and baskets. Then we started picking strawberries.

One hour later, we finished picking strawberries. My sister and I showed our strawberries to each other. Our mother asked us, "How many strawberries did you pick ?" I answered, "I picked twenty-five strawberries." My sister also answered, "I picked thirty-six strawberries." My sister smiled and said to me, "［　　　　］"

Then we ate the strawberries at the farm. They were sweet and delicious. I want to go strawberry picking with my family again next year.

1　次の①、②の質問に対する答えを、それぞれ日本語で書きなさい。

①　サエコはいつイチゴ狩りに行きましたか。

②　サエコはどのようにしてイチゴ農園に行きましたか。

2　本文中の㋐(rule)と、㋑(borrow)を、それぞれ適当な形の1語に直しなさい。

3　下線部を日本語に訳しなさい。

4　［　　　　］に当てはまる最も適当な英文を、次のア〜エから1つ選び、記号で書きなさい。

ア　I picked twenty-five strawberries.　　イ　I picked more strawberries than you.
ウ　We picked thirty-six strawberries.　　エ　I will pick more strawberries than you.

5　本文の内容と合うものを、次のア〜エから1つ選び、記号で書きなさい。

ア　サエコの姉(妹)は、イチゴが好きではない。
イ　2時間を過ぎたらイチゴをつむのをやめなければならない。
ウ　サエコたちはつんだイチゴをイチゴ農園で食べた。
エ　サエコたちはイチゴを家に持って帰って食べた。

5 次の英文は、中学生のエリコ(Eriko)が、「ミュージカルは最高」というタイトルで発表したスピーチの原稿です。よく読んで、1～5の問いに答えなさい。

(注) musical＝ミュージカル　melody＝メロディ　musician＝音楽家　writer＝作家、著者　actor＝俳優
perform＝演じる　in front of＝…の前で[に]　be different from＝…とはちがっている　mistake＝ミス、誤り
stage＝舞台、ステージ　performance＝演技、公演　*My Fair Lady*＝マイフェアレディ　poor＝貧しい
elegant＝優雅な、上品な　lady＝レディ、婦人

I like watching musicals. I think that you often watch movies. Why don't you try watching musicals? I am sure that you can enjoy them. Today, I will tell you three good things about musicals.

First, musical songs are very nice. I think the songs are the [A] important for musicals. They must have good melodies. Also, people can [B] the stories of musicals through the songs. So, great musicians and musical writers work together to make the best musical songs. (㋐)

Second, musical actors are great. They perform in front of people. This is different from movie actors. If movie actors make a mistake, they can try again. However, musical actors must not make a mistake on the stage. They practice very hard to show their perfect performances. So, their singing and dancing are wonderful. (㋑)

Third, stories are very interesting. Do you know *My Fair Lady*? It is a story of a poor girl. Through many experiences, she changes to an elegant lady. The musical is very old. It was first performed in 1956. (㋒)

I hope that you will be interested in musicals. If you want to watch musicals, please tell me. I will find the best musical for you.

1 次の①、②の質問に対する答えを英語で書きなさい。

① Who works together to make musical songs?　② Do musical actors perform in front of people?

2 [A]、[B] に当てはまる最も適当な語を、次のア～エからそれぞれ1つずつ選び、記号で書きなさい。

A　ア more　イ best　ウ most　エ very
B　ア understand　イ study　ウ take　エ make

3 次の英文が入る最も適当な場所を、本文中の(㋐)～(㋒)から選びなさい。

However, it is still popular all over the world.

4 次の英文は、エリコのスピーチを聞いて、同級生のヒトミが書いた感想文です。下線部ⓐ、ⓑを英文で書きなさい。

After Eriko's speech, I am interested in musicals. I told her about it. She said that she bought a DVD of a new musical. ⓐ私はそれを見るためにエリコの家を訪れました。 The musical songs were very nice. Now I am a big fan of musicals. ⓑ今度の日曜日に、私はエリコとマイフェアレディを見るつもりです。

5 本文の内容と合うものを、次のア～エから1つ選び、記号で書きなさい。

ア ミュージカルの歌はあまりよくない。
イ 映画俳優は、もしミスをしてもやり直すことができない。
ウ ミュージカル俳優は、完ぺきな演技を見せるために一生懸命練習する。
エ マイフェアレディは最新のミュージカルだ。

スマートフォン・タブレットで読み込んでリスニング音声が聞けます。詳しくはP.11の「リスニング音声のご利用方法」をご覧ください。

英語－2

1 次のA、B、Cの問題は、リスニングテストです。

A これから、ナンバー1からナンバー3までの対話が流れます。それぞれの対話の後に、質問が続きます。それぞれの質問に対する答えとして最も適当なものを、ア～ウから1つずつ選び、記号で書きなさい。

1

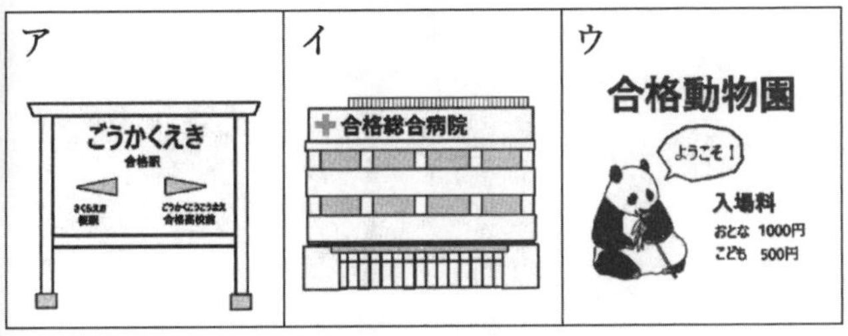

2

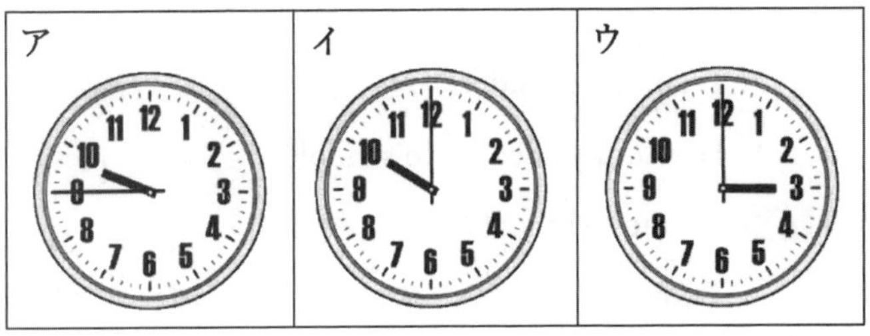

3

曜日	ア	イ	ウ
1限目	体育	国語	社会
2限目	美術	理科	数学
3限目	英語	社会	体育
4限目	社会	数学	理科
給食			
5限目	理科	英語	国語

B これから、ナンバー1からナンバー4までの対話が流れます。それぞれの対話の後に、チャイムが鳴ります。それぞれのチャイムのところに入る対話の応答として最も適当なものを、ア～エから1つずつ選び、記号で書きなさい。

1 ア Fine, thank you. イ I like summer the best. ウ No, thank you. エ Because I like summer.

2 ア Sit down please. イ Over there. ウ Yes, please. エ No problem.

3 ア Here you are. イ Nice to meet you. ウ You're welcome. エ No, thank you.

4 ア I was cooking dinner. イ It was eight o'clock.
ウ Can I leave a message？ エ I will cook dinner.

C 中学生のユミは、留学生のブレンダについて英語でスピーチをしました。これからその内容を放送します。その後に、質問が続きます。内容をよく聞いて、（ ① ）～（ ③ ）に適当な英語をそれぞれ1語ずつ書き入れ、④は「質問に対する答え」を完成させなさい。

- They visited the (①) shrine in the town.
- Brenda took a lot of (②) of the shrine.
- They went to a café (③) the shrine.

④「質問に対する答え」

They (　　　) (　　　) (　　　) (　　　).

2 A　次の対話文の(　　　)に入る最も適当な英語を、下のア～エからそれぞれ 1 つずつ選び、記号で書きなさい。

1　A： Do you like sport ?

B： Yes, I like sport very much.

A： (　　　) sport do you like the best ?

B： I like baseball the best.

ア Where　　イ What　　ウ When　　エ Does

2　A： It's rainy outside.

B： How did you come to school ?

A： I came to school (　　　) bus.

ア by　　イ on　　ウ in　　エ to

3　A： Summer vacation will start next week.

B： I'm very excited.

A： Yeah.　I am (　　　) to visit Kumamoto during summer vacation.

B： That's good.　Please enjoy.

ア will　　イ want　　ウ going　　エ need

4　A： Where is Yumi ?

B： She went home.

A： She always goes home early.　Why ?

B： Because she (　　　) practice the piano.

ア could　　イ wants　　ウ was　　エ must

B　中学生のシン(Shin)と、留学生のジョニー(Jonny)は、ボランティア活動について話をしています。ジョニーになったつもりで、[　①　] にあなたの意見を、[　②　]にその理由をそれぞれ主語と動詞を含む完全な形の英語で書きなさい。

Shin　: Next Thursday, we are going to visit an elementary school to do volunteer activity.

Jonny　: What are we going to do ?

Shin　: We are going to play soccer outside.　But if it's rainy, we will do something in the classroom.

Jonny　: What are we going to do in the classroom ?

Shin　: Well, I am still thinking about it.　What do you want to do ?

Jonny　: [　　①　　]

Shin　: Why do you want to do it ?

Jonny　: [　　②　　]

Shin　: Thank you.

3　次の、高校生のシン(Shin)と留学生のジミー(Jimmy)の対話を読んで、1〜4の問いに答えなさい。

（注）rock music＝ロック音楽　　J-pop＝Jポップ　　traditional＝伝統的な　　sound＝音　　*shamisen*＝三味線
　　school festival＝文化祭

Shin　: Jimmy, you can play the guitar very well.

Jimmy : Thank you.

Shin　: When did you start playing the guitar ?

Jimmy : I started playing the guitar when I was nine years old.

Shin　: Why did you decide to start playing the guitar ?

Jimmy : ㋐【often / played / my father / at home / the guitar / because】. He played old rock music. I thought it was cool.

Shin　: I see. Can you play old rock music ?

Jimmy : [①] But I am interested in Japanese music now.

Shin　: Do you like J-pop ?

Jimmy : Yes, but it means Japanese traditional music. ㋑【traditional music / I / than / Japanese / better / like / J-pop】.

Shin　: I am surprised to hear that.

Jimmy : I think that the sound of the *shamisen* is very cool. I asked my father to buy a *shamisen.* He said, "Yes."

Shin　: Great. When are you going to buy *shamisen* ?

Jimmy : [②] I'm looking forward to it.

1 [①]、[②] に当てはまる最も適当な文を、次のア〜エからそれぞれ1つずつ選び、記号で書きなさい。

ア　He can't play it.　　　イ　Yes, I can.

ウ　On my birthday.　　　エ　When we bought it.

2 下線部を日本語に訳しなさい。

3 ㋐、㋑の【　　　】の中の語を正しい語順に並べかえなさい。

4 対話の内容と合うものを、次のア〜オから2つ選び、記号で書きなさい。

ア　ジミーのお父さんはよくギターでJポップをひいていた。

イ　ジミーは日本の伝統音楽が好きだ。

ウ　ジミーは三味線の音があまり好きではない。

エ　ジミーのお父さんは三味線を買ってくれると言った。

オ　シンとジミーは文化祭でいっしょに三味線をひくことにした。

4　次の英文は、留学生のジェニー(Jenny)が、英語の授業で「ハッピーバースデー、サキ」というタイトルで発表したスピーチの原稿です。よく読んで、1～5の問いに答えなさい。

（注）…kind(s) of～=…種類の～　　shortcake=ショートケーキ

This April, I came to Japan from England to study. I am enjoying my life in Japan. I have a host sister. Her name is Saki. She is an elementary school student. This August, she became ten years old. We [㋐] a birthday party for her. Today, I will tell you about it.

I wanted to make Saki happy. So, I asked her mother, "I want to do something for Saki on her birthday. What does she like ?" She answered, "Well, Saki likes cake. I want you to make a birthday cake for her." I often made cakes when I was in England. <u>I learned how to make delicious cakes from my mother.</u> I said, "Of course. I will make a special cake for her."

Then I [㋑] to a supermarket with Saki. She asked me, "What kinds of cakes can you make ?" I answered, "I can make many kinds of cakes. For example, I can make chocolate cake, shortcake, and fruitcake." She said, "How about cheesecake ? I like cheesecake the best." I answered, "I can make it. Let's make cheesecake." Then I bought milk, cheese, and eggs to make the cheesecake.

On Saki's birthday, I made the cheesecake. Saki's friends came to her birthday party. We ate the cheesecake together. Everyone said the cake was delicious. Saki smiled and said, "[　　　]." I was very happy to see her smile.

After the party, Saki told me, "Please teach me how to make the cheesecake." We are going to make the cheesecake together next Sunday.

1　次の①、②の質問に対する答えを、それぞれ主語と動詞を含む完全な形の英語で書きなさい。

① How old is Saki ?

② What did Jenny buy at the supermarket ?

2　[㋐]、[㋑] にそれぞれ当てはまる語を下から選び、適当な形にかえて英語1語で書きなさい。

go　　teach　　hold　　feel

3　下線部を日本語に訳しなさい。

4　[　　　] に入れるのに最も適している英文を、次のア～エから1つ選び、記号で書きなさい。

ア Happy birthday, Jenny.
イ Who made this cheesecake ?
ウ This cheesecake is the most delicious in the world.
エ We bought this cheesecake at the supermarket.

5　本文の内容と合うものを、次のア～エから1つ選び、記号で書きなさい。

ア サキはイギリスに留学中だ。
イ ジェニーはサキのお母さんとケーキを作った。
ウ ジェニーはフルーツケーキも作ることができる。
エ パーティの後、サキはジェニーにもう1度ケーキを作ってほしいと言った。

5 次の英文は、中学生のシン(Shin)が、「日本の労働力不足について考える」というタイトルで発表したスピーチの原稿です。よく読んで、1～5の問いに答えなさい。

(注) healthy＝健康的な　nurse＝看護師　increase＝増える　decrease＝減る　enough＝十分な
worker＝働き手　solve＝…を解決する　robot＝ロボット　yet＝まだ　develop＝…を発達させる
quickly＝速く　continue＝…を続ける　society＝社会

My grandmother is sixty-four years old. She is healthy and fine. She still works three days a week [A] a nurse. (ア) In Japan, the number of old people is increasing. But the number of young people is decreasing. So, Japan doesn't have enough workers. It's a big problem. What should we do to solve it? Today, I will tell you about my three ideas.

First, we should use robots. Robots cannot work like people yet. But if robots can work like people, Japan will not need many workers. (イ) I think Japan should develop robots quickly.

Second, I think old people should work more. Many old people are healthy and fine. But they often stop [B]. I think they can work like my grandmother. (ウ) Young people can learn from them. If old people and young people work together, Japan will be better.

Third, we should change how people work. Some jobs are very hard. For example, convenience stores are open all the time. (エ) Some workers work from night to morning. Some stores cannot find enough workers. Such stores close because of this. I think that convenience stores should not be open all the time. Then more people will work there. This is good for both stores and workers.

These are my ideas. I know these are not enough. I will continue studying many things to solve this problem in the future.

1 次の①、②の質問に対する答えを、それぞれ主語と動詞を含む完全な形の英語で書きなさい。

① Is Shin's grandmother healthy and fine?

② What is decreasing in Japan?

2 文中の[A]、[B]に入る語句として最も適当な組み合わせを、次のア～カから1つ選び、記号で書きなさい。

ア (A of　B works)　イ (A of　B working)　ウ (A of　B worked)
エ (A as　B works)　オ (A as　B working)　カ (A as　B worked)

3 次の英文が入る最も適当な場所を、本文中の(ア)～(エ)から選びなさい。

They have many skills and experiences.

4 下線部 this が示すものを、日本語で説明しなさい。

5 本文の内容と合うものを、次のア～エから1つ選び、記号で書きなさい。
ア シンの祖母は看護師として毎日働いている。
イ シンは日本はロボットに頼るべきではないと考えている。
ウ シンはお年寄りは若者から学ぶべきだと考えている。
エ シンはコンビニエンスストアはいつも開けておくべきではないと考えている。

数学－1

1　次の計算をしなさい。

（1）$2-(-3)$

（2）$(18x+42)\div 6$

（3）$5-8\times\frac{3}{4}$

（4）$\frac{3a-1}{4}-\frac{2a+1}{3}$

（5）$12x^2y\div 3x^2\times 4xy$

2　次の各問いに答えなさい。

（1）次のア～エのうち，絶対値がもっとも小さい数を選び，記号で書きなさい。

ア　3　　　イ　-5　　　ウ　$-\frac{9}{4}$　　　エ　2.1

（2）次の方程式を解きなさい。

$\frac{6x-2}{7}=4$

（3）周の長さが $2a$ cm の正方形があります。この正方形の面積を，文字を使った式で表しなさい。

（4）y は x に反比例し，$x=3$ のとき，$y=-5$ である。y を x の式で表しなさい。

（5）右の図において，$l\,//\,m$ のとき，$\angle x$ の大きさを求めなさい。

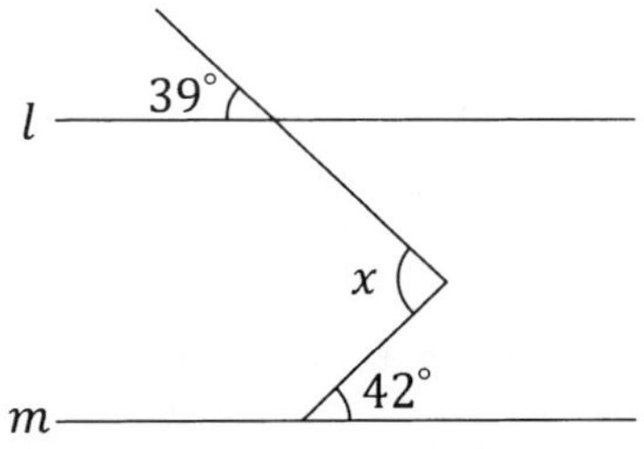

(6) 右の表は，あるクラスの生徒 20 人のハンドボール投げの記録を度数分布表に表したものである。記録が 20m 以上 25m 未満の階級の相対度数を求めなさい。

階級(m) 以上　未満	度数(人)
10 ～ 15	2
15 ～ 20	4
20 ～ 25	7
25 ～ 30	5
30 ～ 35	2
合計	20

(7) 赤玉 2 個と白玉 3 個が入っている箱から，同時に 2 個の玉を取り出すとき，2 個とも同じ色の玉である確率を求めなさい。ただし，どの玉の取り出し方も同様に確からしいものとする。

(8) 右の図のように，点 O を中心とする円の周上に点 A がある。この点 A を接点とする円 O の接線を定規とコンパスを用いて作図しなさい。

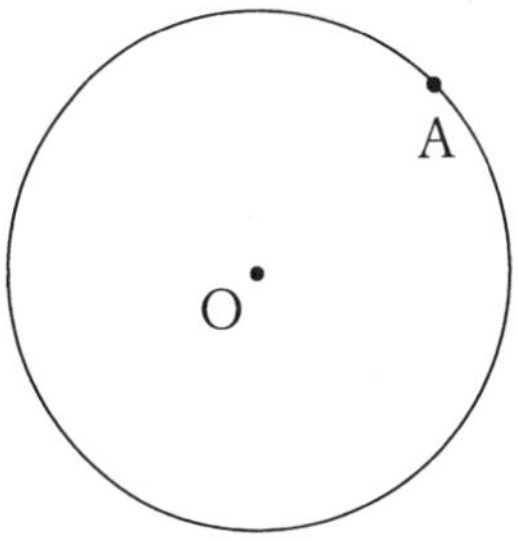

3　右図のように，三角柱 X と三角錐 Y がある。これについて，あとの問いに答えなさい。

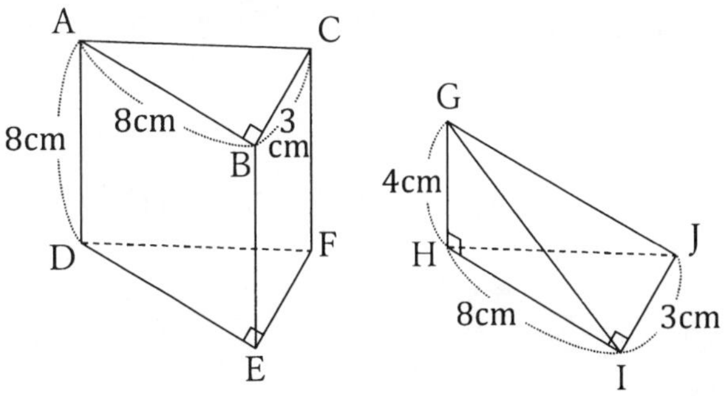

三角柱 X　　三角錐 Y

(1) 三角柱 X について，辺 AC とねじれの位置にある辺をすべて書きなさい。

(2) 三角柱 X の体積は三角錐 Y の体積の何倍か，求めなさい。

4　あるお菓子屋さんで，店員さんからプリン 4 個とシュークリーム 6 個で 1210 円のセットと，プリン 6 個とシュークリーム 5 個で 1355 円のセットをおすすめされた。このとき，プリン 1 個とシュークリーム 1 個の値段をそれぞれ求めなさい。なお，途中式も書くこと。
ただし，消費税は考えないものとする。

5　A駅とB駅を往復する1台のバスがある。このバスは毎分600mの速さで走り，A駅とB駅に到着するとそれぞれで5分間ずつ停車する。また，A駅を1回目に出発する時刻は5時30分であり，A駅を出発してからB駅に到着するまで35分かかる。右の図は，バスがA駅を1回目に出発してからx分後に，A駅から$y$km地点にいるとして，xとyの関係をグラフにしたものである。

　これについて，あとの問いに答えなさい。

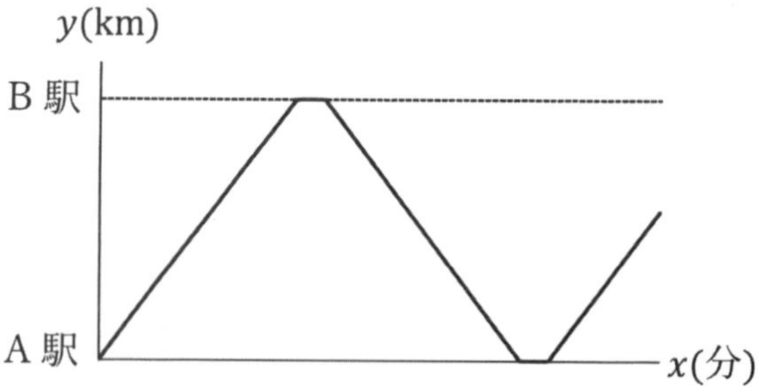

（1）2回目にA駅を出発する時刻は何時何分か。

（2）A駅とB駅の間の道のりを求めなさい。

（3）1回目にB駅を出発し，A駅に着くまでのxとyの関係を式に表しなさい。

（4）1回目にA駅を出発してから60分後にいる地点からA駅までの道のりは何kmか。

6　右の図のように，$\triangle ABC$を，点Cを回転の中心として，時計回りに90°回転移動させた図形を$A'B'C$とする。これについて，あとの問いに答えなさい。

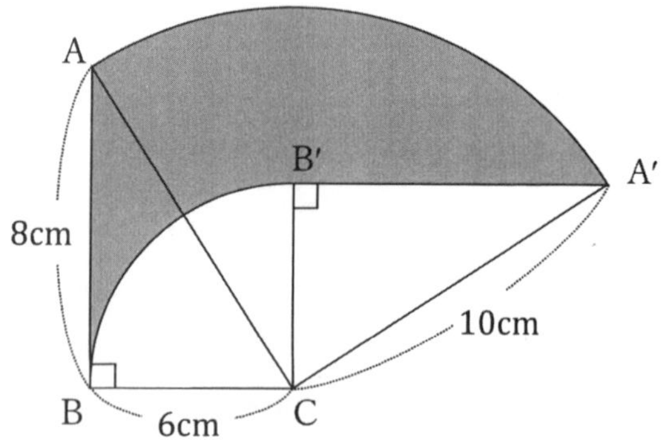

（1）$\angle ACA'$の大きさを求めなさい。

（2）点Aが動いた長さを求めなさい。

（3）影がついた部分の面積を求めなさい。

7　右の図のように，平行四辺形 ABCD がある。点 E は辺 BC 上の点で, AB=AE である。これについて，あとの問いに答えなさい。

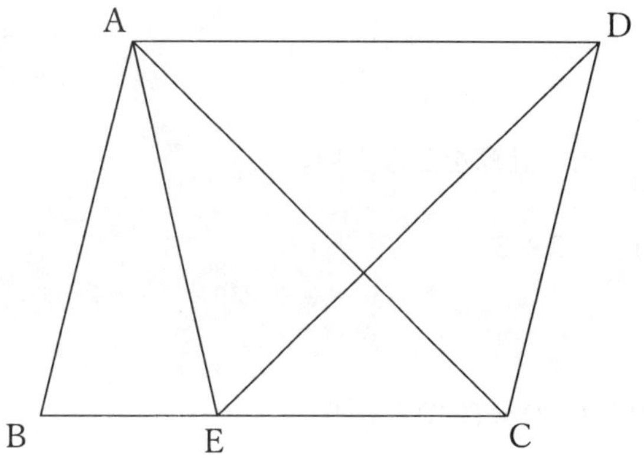

（1） △ABC≡△EAD になることを証明した下の文の（　ア　）～（　ウ　）をそれぞれうめなさい。

[証明]
△ABC と△EAD において，
仮定より，　AB＝EA　　　　　　　　　… ①
①より，△ABE は二等辺三角形なので，
∠ABC＝∠AEB　　　　　　　　　… ②
AD // BC で，平行線の（　ア　）は等しいので，
∠AEB＝∠EAD　　　　　　　　　… ③
②，③より，∠ABC＝（　イ　）　　… ④
また，四角形 ABCD は平行四辺形なので，
BC＝AD　　　　　　　　　　　… ⑤
①，④，⑤より，（　　　ウ　　　）ので，
△ABC≡△EAD

（2）∠BAE＝26°，∠CDE＝30° であるとき，∠AED の大きさを求めなさい。

数学－2

1　次の計算をしなさい。

（1）$-3+5$

（2）$(-2)\times(-8)-(-9)$

（3）$4(a+2b)-(2a+5b)$

（4）$\frac{a+7b}{4}+\frac{a-b}{2}$

（5）$4x^2y\div\frac{2}{3}y$

2　次の各問いに答えなさい。

（1）1 本 x 円の鉛筆 5 本と，1 本 y 円のボールペン 3 本の代金の合計は，1200 円より高い。この数量の関係を不等式で表しなさい。

（2）絶対値が 4 以下の整数はいくつあるか，求めなさい。

（3）比例式 $x:(x-2)=5:4$ を解きなさい。

（4）次の式を b について解きなさい。

$$c=\frac{2a+b}{3}$$

（5）$a=-2$，$b=7$ のとき，$5a+2b$ の値を求めなさい。

（6）y は x に比例し，$x=3$ のとき $y=-2$ である。このとき，y を x の式で表しなさい。

(7) 右図は，半径が 3 cm の球 A と，底面の半径が 3 cm の円柱 B である。A と B の体積が等しいとき, B の高さを求めなさい。

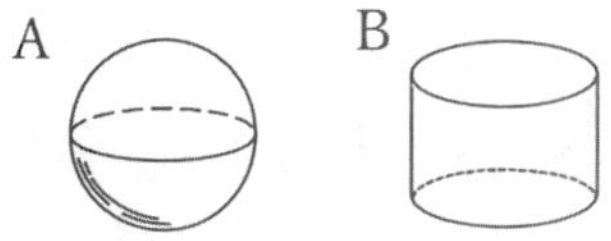

(8) 右の図は，立方体の展開図である。この展開図を組み立てて立方体をつくるとき，辺 AB と垂直な面をア～カからすべて選び，記号で書きなさい。

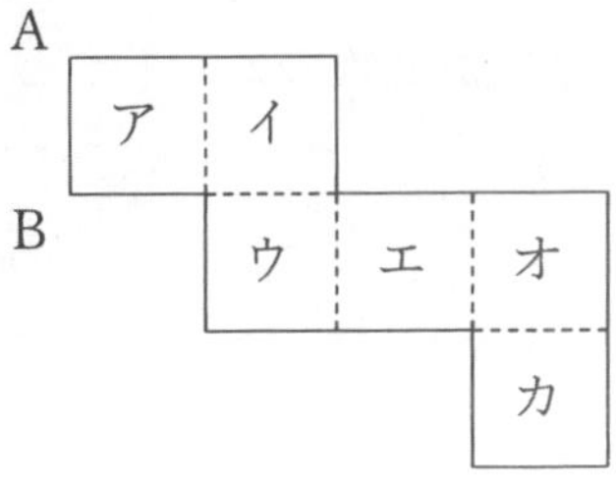

3　次の（1）～（3）の問いに答えなさい。

(1) 3 年 1 組の生徒 20 人の 10 点満点の小テストの得点をヒストグラムで表すと，右の図 1 のようになった。このとき，平均値，中央値，最頻値の大小関係を正しく表したものを，次のア～エから 1 つ選び，記号で書きなさい。

図 1

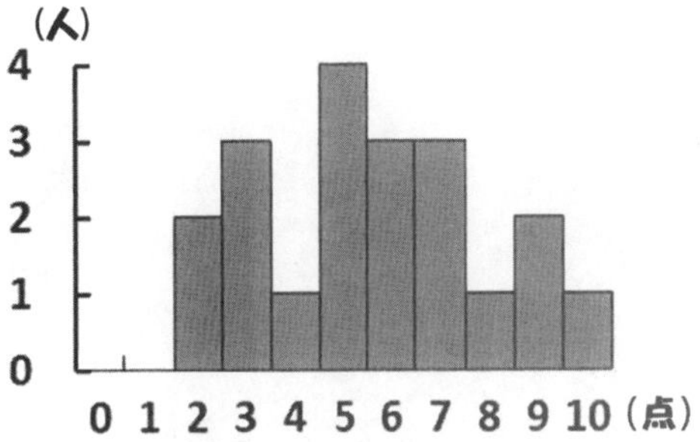

ア 平均値 ＜ 中央値 ＜ 最頻値　　イ 平均値 ＜ 最頻値 ＜ 中央値
ウ 最頻値 ＜ 平均値 ＜ 中央値　　エ 最頻値 ＜ 中央値 ＜ 平均値

(2) 下のデータは 3 年 2 組の生徒 20 人の筆箱に入っている筆記用具の本数を調べた結果を小さい順に並べたものである。このデータの四分位範囲を求めなさい。

1, 2, 2, 2, 2, 3, 3, 3, 4, 4, 5, 5, 5, 5, 6, 6, 7, 8, 10, 15

(3) 右の図 2 は, 3 年 3 組の生徒 20 人が受けた国語，数学，英語のテストの得点のデータを箱ひげ図で表したものである。図 2 から読み取れることとして，正しいものを次のア～エから 1 つ選び，記号で書きなさい。

図 2

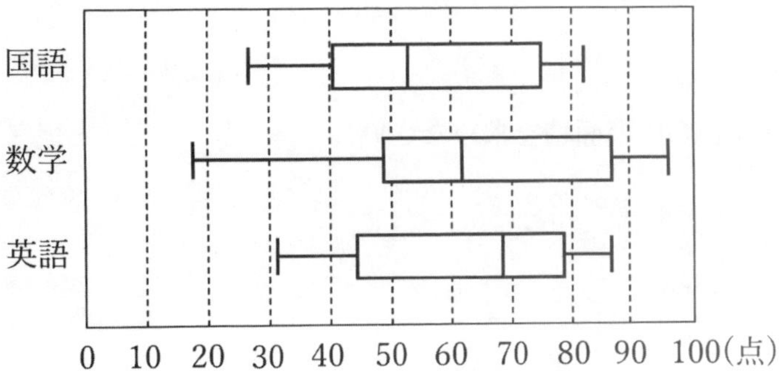

ア 3 教科の中で国語の平均値が一番高い。
イ 3 教科の合計点が 70 点以下の生徒はいない。
ウ 数学は 15 人以上の生徒が 60 点以上をとっている。
エ 英語で 80 点以上をとった生徒は 6 人以上いる。

4　右の図のように，1, 2, 3, 4, 6, 9 の数字が 1 つずつ書かれた 6 枚のカードがある。この 6 枚のカードをよくきって，同時に 2 枚ひく。このとき，あとの問いに答えなさい。

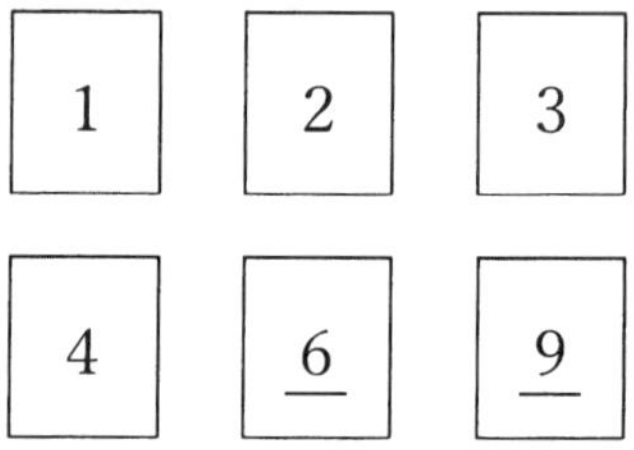

（1）ひいた 2 枚のカードがどちらも 3 の倍数である場合は何通りあるか。

（2）ひいた 2 枚のカードの和が 3 の倍数である確率を求めなさい。

（3）ひいた 2 枚のカードの積が 3 の倍数である確率を求めなさい。

5　右の図のように，直線 $y=-\frac{1}{2}x+4$ のグラフと双曲線 l は 2 点 A, B で交わっている。点 A, B の x 座標はそれぞれ，2, 6 である。線分 OA, OB をひき，△OAB をつくるとき，あとの問いに答えなさい。

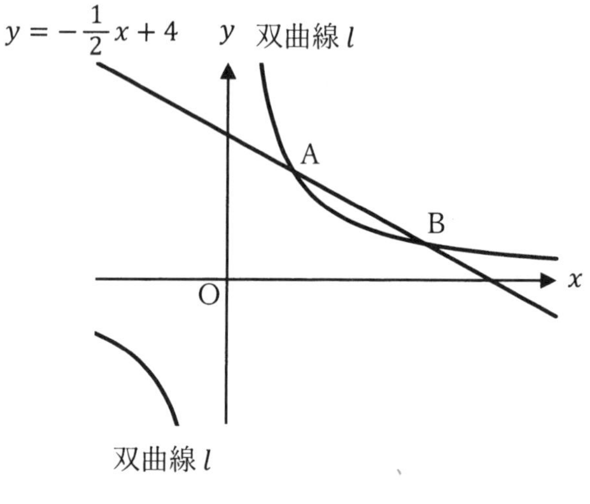

（1） $y=-\frac{1}{2}x+4$ で，x の増加量が 8 のとき，y の増加量を求めなさい。

（2）双曲線 l の式を求めなさい。

（3）△AOB の面積を求めなさい。

6　下のように，数が規則正しく並んでいる。これについて，あとの問いに答えなさい。

2,　5,　8,　11,　14,　17,　20,　23,　・・・

（1）12 番目の数を求めなさい。

（2）x 番目の数を x を使った式で表しなさい。

（3）1340 は何番目の数か，求めなさい。

7　右の図のような長方形 ABCD がある。点 P は, A を出発し，毎秒 2 cm の速さで辺 AB, BC, CD 上を D まで動き，点 Q は辺 AD の中点に固定している。点 P が点 A を出発してから x 秒後の△APQ の面積を y cm^2 とするとき，あとの問いに答えなさい。

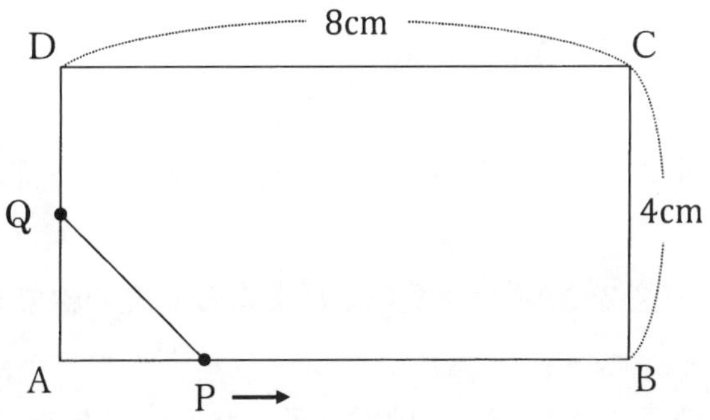

（1）3 秒後の y の値を求めなさい。

（2）点 P が辺 CD 上を動くときの y を x の式で表しなさい。

（3）x と y の関係を表すグラフとしてもっとも適切なものを，次のア～エから 1 つ選び，記号で書きなさい。

ア

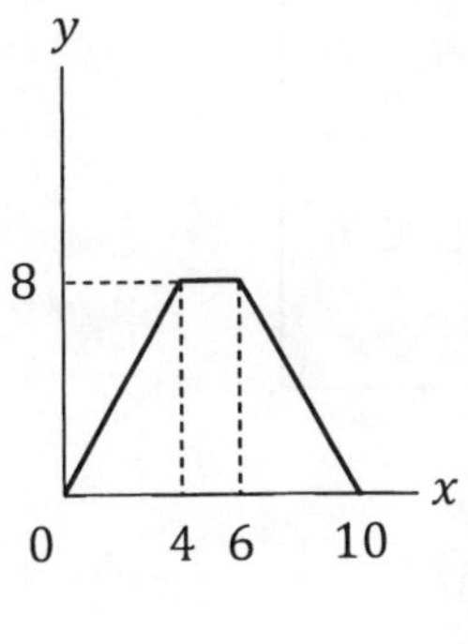

イ

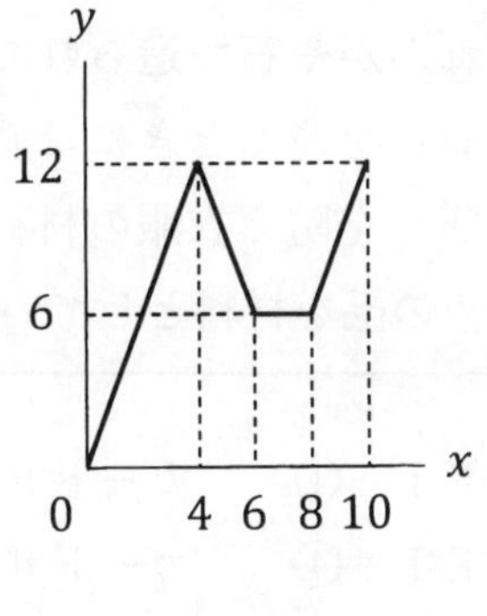

ウ

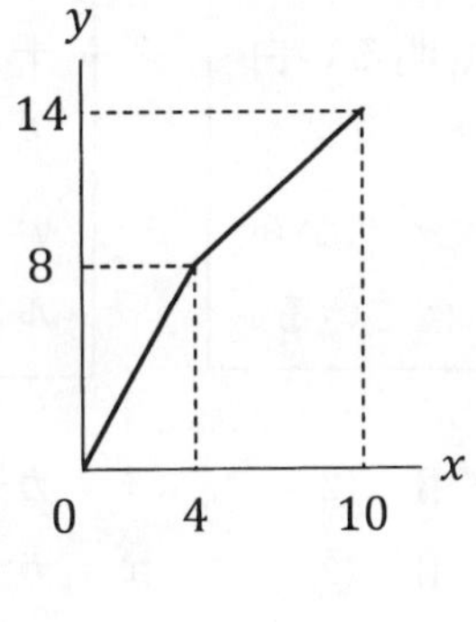

エ

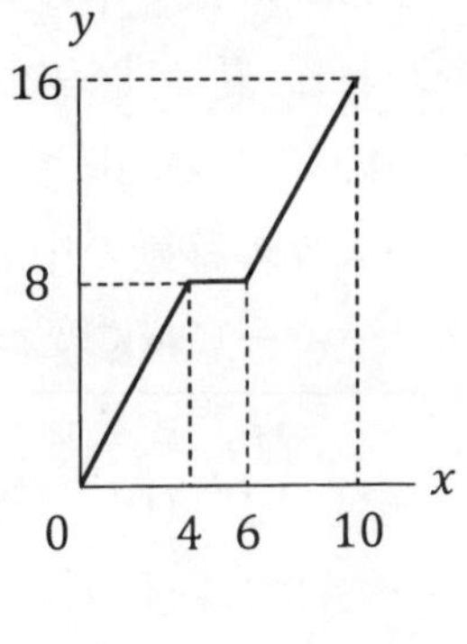

1 次の1，2の問いに答えなさい。

1 地図1，2を見て、あとの問いに答えなさい。

地図1

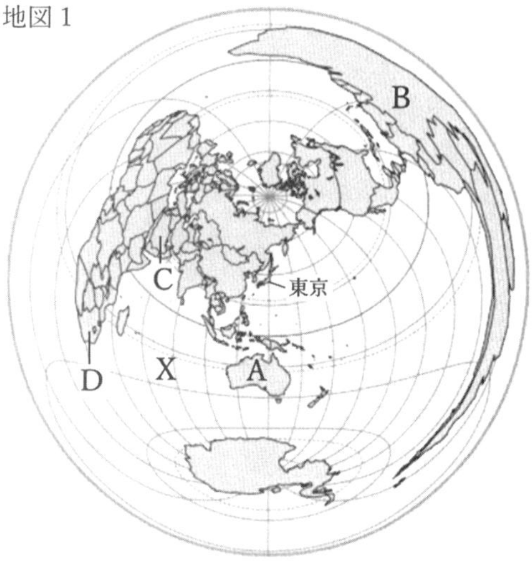

地図2

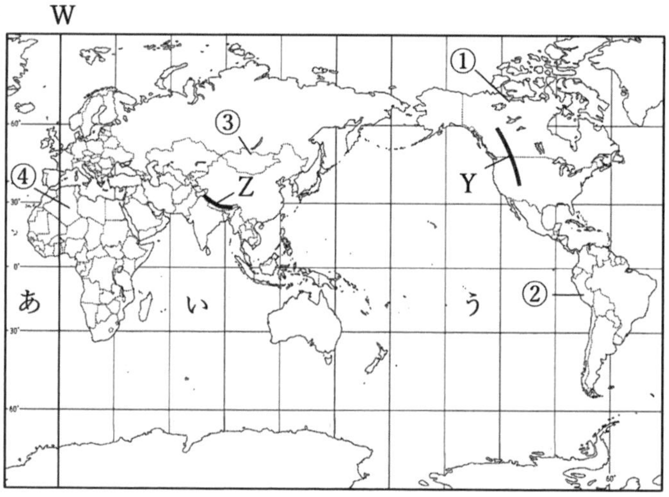

（1）地図1のXは世界の三大洋のうちの1つである。Xと同じ海洋を、地図2のあ～うから1つ選び、記号で答えなさい。

（2）地図1で、東京から見て西北西の方位に首都がある国を、A～Dから1つ選び、記号で答えなさい。

（3）地図2のWは経度の基準となる0度の線である。この線を何というか。

（4）地図2のY、Zは、山脈を示したものである。Y、Zの山脈の名称の組み合わせとして適切なものを、次のア～エから1つ選び、記号で答えなさい。

ア　Y－アンデス山脈　Z－アルプス山脈
イ　Y－アルプス山脈　Z－ロッキー山脈
ウ　Y－ヒマラヤ山脈　Z－アンデス山脈
エ　Y－ロッキー山脈　Z－ヒマラヤ山脈

（5）次のカードⅠ、Ⅱは、地図2の①～④のいずれかの地域にみられる人々の生活について書かれたものである。カードⅠ、Ⅱと地図2の①～④の組み合わせとして適切なものを、次のア～エから1つ選び、記号で答えなさい。

カードⅠ

この地域は一年の大半が雪や氷におおわれ、夏は真夜中でも薄明るい白夜が続く。この地域で暮らすイヌイットの人々の移動の中心は犬ぞりからスノーモービルに変わってきている。

カードⅡ

住居は標高4000m付近にあり、日干しれんがや石で造られている。山道で荷物を運ぶときにはリャマを使い、寒さを防ぐ衣服の材料としてアルパカの毛を材料としている。

ア　カードⅠ－①　カードⅡ－②
イ　カードⅠ－①　カードⅡ－③
ウ　カードⅠ－④　カードⅡ－②
エ　カードⅠ－④　カードⅡ－③

2　地図3，4、資料1を見て、あとの問いに答えなさい。

地図3

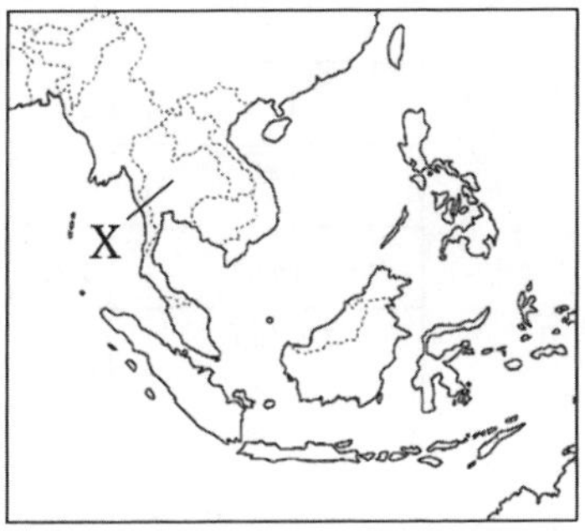

地図4

資料1

X国の輸出品の割合（2020年）

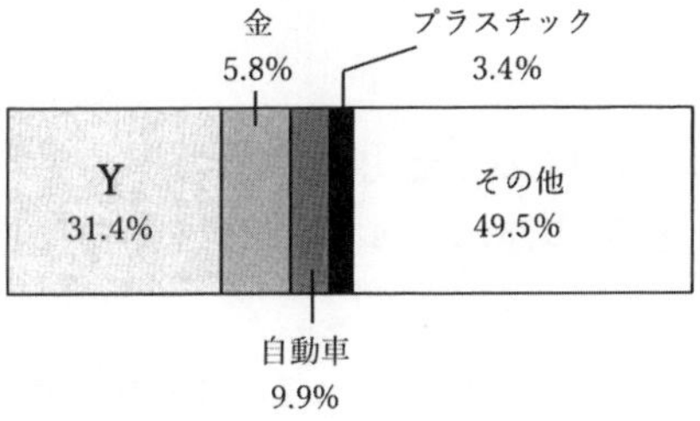

（貿易統計、他より）

（1）地図3中の東南アジアの結びつきを強めるため、現在10か国が加盟している地域連合を何というか。

（2）資料1は、地図3中のX国の輸出品の割合を表したものである。資料1のYにあてはまるものを、次のア～エから1つ選び、記号で答えなさい。

ア　石炭　　イ　機械類　　ウ　天然ゴム　　エ　天然ガス

（3）地図4中の国々が政治・経済的な統合を進めるために、1993年に結成された組織をアルファベットの略称で何というか。

（4）（3）の多くの加盟国間での通行の特徴について、「国境」「パスポート」の2つの語句を用いて、説明しなさい。

（5）次の文の［あ］、［い］にあてはまる語句の組み合わせとして適切なものを、次のア～エから1つ選び、記号で答えなさい。

> 地図4中のZの［あ］の沿岸では、夏は乾燥に強いオレンジなどの果樹を栽培し、冬は［い］などを栽培する農業が盛んである。

ア　あ－紅海　　い－小麦　　イ　あ－紅海　　い－とうもろこし
ウ　あ－地中海　い－小麦　　エ　あ－地中海　い－とうもろこし

2　次の1，2の問いに答えなさい。

1　地図5、資料2を見て、あとの問いに答えなさい。

地図5

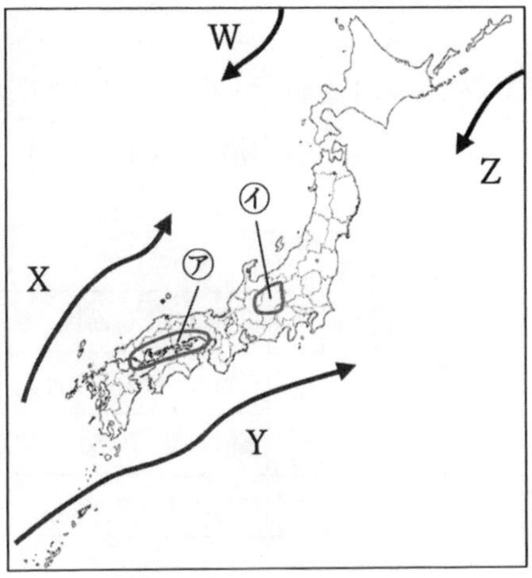

（1）次の文を読んで、（ⅰ）（ⅱ）に答えなさい。

> 東日本の太平洋の沖合には、暖流の黒潮（日本海流）と寒流の親潮（千島海流）がぶつかる［　　］があり、豊かな漁場となっている。

（ⅰ）親潮を地図5のW～Zから1つ選び、記号で答えなさい。

（ⅱ）［　　］にあてはまる適切な語句を漢字二字で答えなさい。

（2）資料２は日本の発電量の割合を示したものである。資料２中のＬにあてはまる発電方法を、次のア～ウから１つ選び、記号で答えなさい。

ア　火力発電　　イ　水力発電　　ウ　原子力発電

資料２

発電量（10 178 億 kWh）

発電方法	%
L	72.5
M	8.6
N	3.8
風力・地熱・太陽光など	15.1

（2020 年 IEA 資料より）

（3）資料２の風力や地熱など、枯渇《こかつ》することがなくくり返し利用することが可能なエネルギーのことを何というか。

（4）地図５中の㋐と㋑の地域の気候に共通する特徴を、次のア～エから１つ選び、記号で答えなさい。

ア　梅雨がない。
イ　南東の季節風の影響で夏の降水量が多い。
ウ　一年を通じて降水量が少ない。
エ　北西の季節風の影響で冬に雪・雨が多い。

２　資料３，４、地図６を見て、あとの問いに答えなさい。

資料３

日本の主な品目別自給率の変化

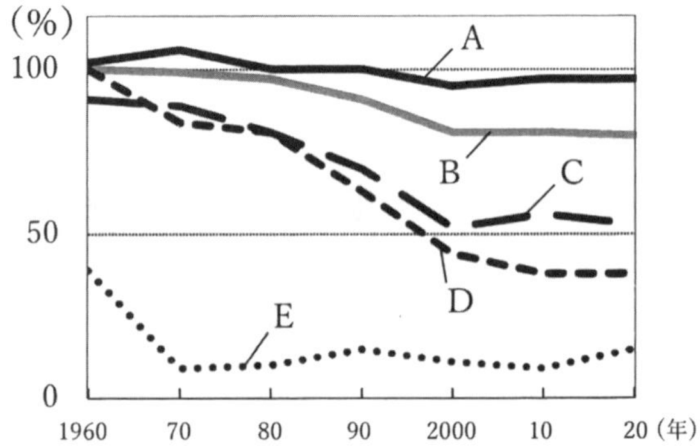

（食料自給率表より）

（1）資料３のＡ～Ｅは、米、小麦、野菜、果実、肉類のいずれかを示している。米と小麦にあてはまる正しい組み合わせを、次のア～エから１つ選び、記号で答えなさい。

ア　米－Ａ　小麦－Ｂ　　イ　米－Ａ　小麦－Ｅ
ウ　米－Ｂ　小麦－Ｃ　　エ　米－Ｂ　小麦－Ｄ

（2）次の文は、日本の土地の地形についてまとめたものである。［あ］、［い］にあてはまる内容の組み合わせとして適切なものを、次のア～エから１つ選び、記号で答えなさい。

> 日本の平野や盆地では、扇状地、三角州などの地形が見られる。三角州に比べ扇状地の中央部は［あ］ことが特徴である。この特徴を生かして、扇状地の中央部は主に［い］として利用される。

ア　あ－水はけがよい　い－果樹園　　イ　あ－水はけがよい　い－水田
ウ　あ－水はけが悪い　い－果樹園　　エ　あ－水はけが悪い　い－水田

（3）下の資料４の㋐～㋒は、地図６の空港・港湾のいずれかを表している。関西国際空港を示すものを㋐～㋒から１つ選び、記号で答えなさい。

資料４

	輸出額の上位品目	輸出額(億円)
㋐	自動車，自動車部品，内燃機関	104 137
㋑	集積回路，科学光学機器，電気回路用品	49 899
㋒	プラスチック，建設・鉱山用機械，無機化合物	49 017

（2020 年財務省データより）

地図６

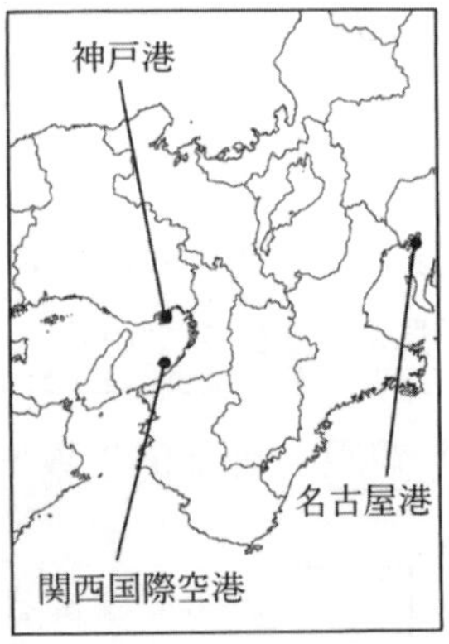

（4）日本の農業について述べた文のうち<u>適切でない</u>ものを、次のア～エから1つ選び、記号で答えなさい。

ア　九州地方の筑紫平野では、米のあとに麦などをつくる二毛作が古くから盛んである。
イ　高知平野では、温暖な気候を生かした野菜の促成栽培が盛んである。
ウ　大消費地である東京の郊外では、野菜の近郊農業が盛んである。
エ　北海道の十勝平野は全国有数の米の生産地である。

3　次の1，2の問いに答えなさい。

1　表は国際的に活躍した人物について、説明したものである。これについて、あとの問いに答えなさい。

人物	説明
小野妹子	政治の制度や文化を学ぶために、［あ］を使節として訪れた。
最澄	唐から帰国し、比叡山に延暦寺を建てて［い］宗を広めた。
空海	唐から帰国し、高野山に金剛峯寺を建てて［う］宗を広めた。
マルコ・ポーロ	①<u>フビライ・ハン</u>に仕え、日本を書物の中で「黄金の国ジパング」と紹介した。
バスコ・ダ・ガマ	②<u>大航海時代</u>にアフリカ大陸南端を回りインドへ到達した。
フランシスコ・ザビエル	イエズス会の宣教師として③<u>キリスト教</u>を伝えるために日本を訪れた。

（1）［あ］にあてはまる適切な語句を、次のア～エから1つ選び、記号で答えなさい。

ア　隋　　イ　唐　　ウ　宋　　エ　明

（2）［い］、［う］にあてはまる語句として適切な組み合わせを、次のア～エから1つ選び、記号で答えなさい。

ア　い－浄土　　う－浄土真
イ　い－浄土真　う－浄土
ウ　い－天台　　う－真言
エ　い－真言　　う－天台

図　鎌倉幕府のしくみ

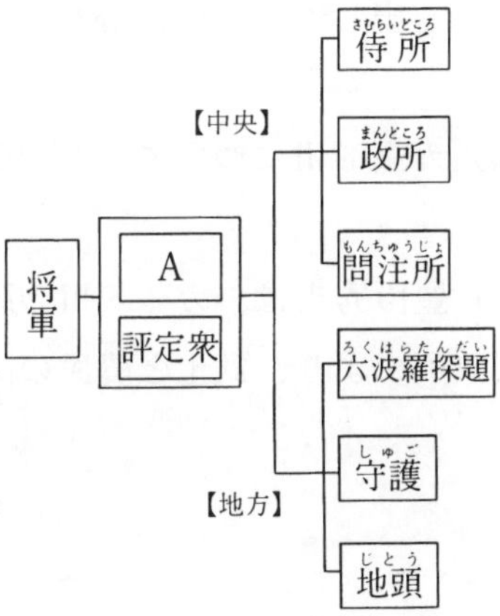

（3）鎌倉幕府のしくみを表した図の［A］にあてはまる適切な語句を答えなさい。また、下線部①の人物が日本を従えようと、使者を送ってきたときの［A］を、次のア～エから1つ選び、記号で答えなさい。

ア　北条泰時　　イ　北条時宗　　ウ　北条時政　　エ　北条義時

（4）下線部②について、スペイン船隊を率いて、世界一周に乗りだした人物を、次のア～エから1つ選び、記号で答えなさい。

ア　コロンブス　　イ　マゼラン　　ウ　ルター　　エ　ラクスマン

（5）下線部③について、豊臣秀吉が実施したキリスト教に関する政策として適切なものを、次のア～エから1つ選び、記号で答えなさい。

ア　仏教勢力には厳しい態度をとったが、キリスト教は優遇した。
イ　宣教師の国外追放を命じた。
ウ　異国船打払令を出し、外国船の撃退を命じた。
エ　キリスト教徒を発見するために、絵踏を行った。

2　わが国の土地政策の歴史について書かれたカードⅠ～Ⅲを読んで、あとの問いに答えなさい。

Ⅰ　天皇中心の国づくりが進められ、701年に［　　］を制定し、全国の土地と人々を国家が直接統治する政治のしくみが整えられた。

Ⅱ　鎌倉時代、幕府の政治を支えていた御家人は、領地の分割相続がくり返されることにより、土地が減り、生活が苦しくなっていった。

Ⅲ　豊臣秀吉は地域によってばらばらだったものさしやますを統一した。田畑の面積や土地のよしあしを調べ、予想される収穫量を石高で表した。

（1）カードⅠの［　　］にあてはまる、中国の唐にならって作られた決まりを何というか。

（2）カードⅠの下線部について適切でないものを、次のア～ウから1つ選び、記号で答えなさい。

ア　郡司は中央から派遣された。
イ　天皇の下で、太政官が政策を決めた。
ウ　国ごとに国府と呼ばれる役所が置かれた。

（3）カードⅡについて、幕府は御家人を救うために、手放した土地をただで取りもどさせようとする命令を出した。この命令を何というか。

（4）カードⅢについて、この政策を何というか。

（5）豊臣秀吉は、カードⅢの政策のほかに、農民が武器を持つことを禁止する刀狩を行った。これらの政策により、武士と農民の関係はどのようになっていったか、答えなさい。

4 次の１,２の問いに答えなさい。

１　江戸時代について、いろいろなテーマでまとめた文を読み、あとの問いに答えなさい。

大名の統制	交通	諸地域との関わり	文化
X を定め、大名が幕府の許可なく城を修理したり、大名どうしが無断で縁組をしたりすることを禁止した。	年貢や特産品を運ぶため、船による輸送が盛んになった。①大阪と江戸との間には定期船の菱垣廻船と樽廻船が往復した。	蝦夷地(北海道)の南部を領地とした松前藩は蝦夷地に住む Y の人々との交易の独占権を幕府から与えられた。	徳川吉宗が、洋書の輸入制限を緩めたことがきっかけで、②オランダ語で西洋の学問を学ぶ動きがおこった。

（１） X にあてはまる適切な語句を答えなさい。

地図

（２）下線部①について、「天下の台所」とよばれた大阪に、各藩が米や特産物を販売するために置いた、倉庫を備えた屋敷を何というか。

（３）下線部①について、地図のZは、東北地方の米などを大阪へ運んだ航路である。この航路を何というか。

（４） Y にあてはまる適切な語句をカタカナ３字で答えなさい。

（５）下線部②について、18 世紀後半にオランダ語の人体解剖書を翻訳した「解体新書」が出版された。翻訳した人物を、次のア〜エから２つ選び、記号で答えなさい。

ア　杉田玄白《げんぱく》　　イ　本居宣長《もとおりのりなが》　　ウ　伊能忠敬《いのうただたか》　　エ　前野良沢《りょうたく》

２　年表を見て、あとの問いに答えなさい。

1853 年	ペリーが X に来航する。	
1854 年	①日米和親条約を結ぶ。	
1858 年	安政の大獄がはじまる。	
1860 年	②大老井《い》伊《い》直弼《なおすけ》が暗殺される。	↑
1867 年	徳川慶喜が Y を行う。	↓ ㋐

（１）1853 年、ペリーが来航したのは神奈川県のどこか、年表中の X に入るように漢字二字で答えなさい。

（２）下線部①について、この条約で開港された２港はどこか、地図のA〜Eから２つ選び、記号で答えなさい。

地図

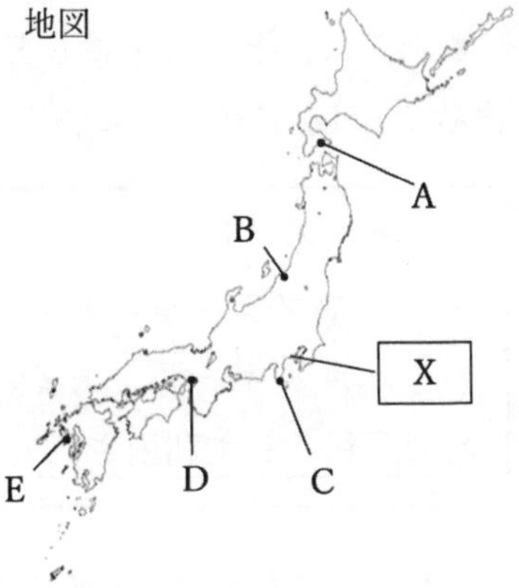

（３）下線部②の事件を何というか。

（４）年表中の Y にあてはまる、政権を朝廷に返すことを漢字四字で何というか。

（５）年表中の㋐の間におきたできごとア〜ウを、年代の古い順に記号で答えなさい。

ア　戊辰戦争が終結した。　　イ　王政復古の大号令が出された。
ウ　薩長同盟が結ばれた。

社会－2

1 次の1，2の問いに答えなさい。

1 地図1～地図4を見て、あとの問いに答えなさい。なお、地図1～地図4の縮尺は同じではない。

地図1

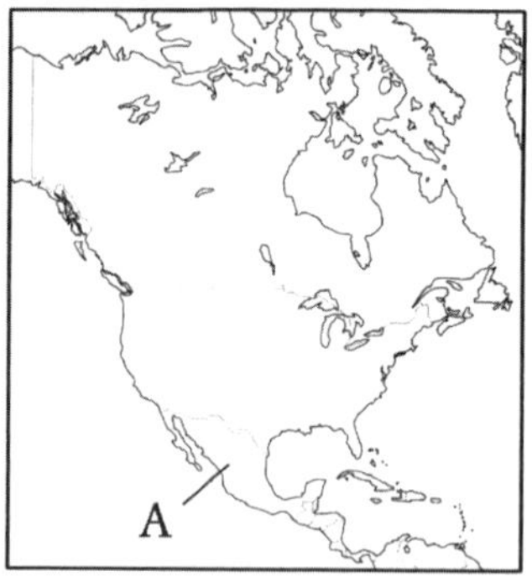

地図2

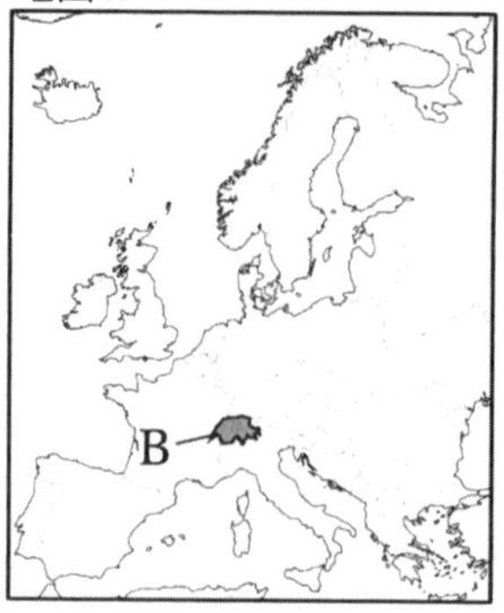

地図3

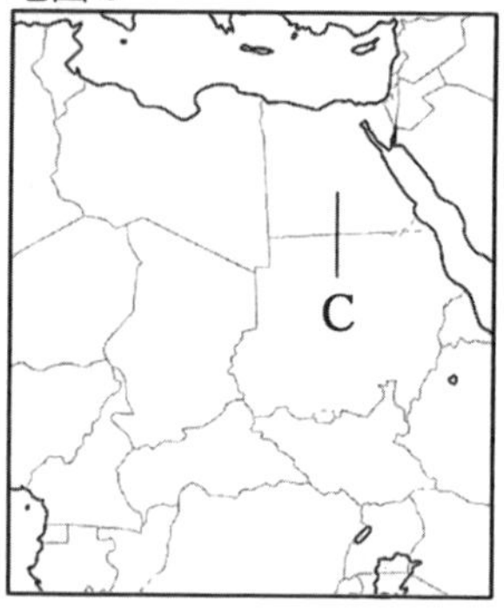

地図4

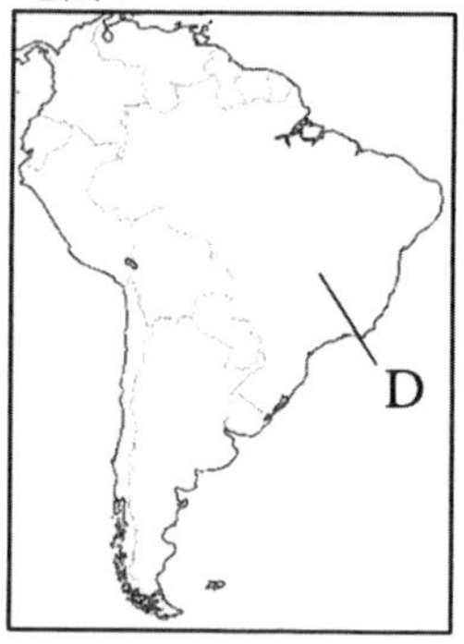

（1）世界を分ける六つの州のうち、A国が位置している州を何というか。

（2）B国のように、国土がまったく海に面していない国のことを何というか、漢字三字で答えなさい。

（3）C国を流れる世界最長の川を何というか。

（4）C国の人々が最も多く信仰している宗教を、次のア～エから1つ選び、記号で答えなさい。

ア　仏教　　イ　ヒンドゥー教　　ウ　キリスト教　　エ　イスラム教

（5）D国について説明した次の文の［あ］にはア～エから1つ選び、［い］には適切な語句を答えなさい。

> D国で主に話されているのは［あ］語である。また、D国は長い間、コーヒー豆の輸出に依存する［い］経済の状態が続いていた。

ア　ポルトガル　　イ　スペイン　　ウ　フランス　　エ　ドイツ

2 資料1，資料2を見て、あとの問いに答えなさい。

（1）資料1は、とうもろこしと（　X　）の生産量上位3か国とその生産量を示している。次の説明を読んで、Ⅰ，Ⅱの問いに答えなさい。

> とうもろこしや（　X　）は、アメリカやブラジルなどで石油に代わるエネルギー源であるバイオ燃料の原料として利用されている。

資料1

	とうもろこし (2020年)		（　X　）(2020年)	
	国名	生産量(万トン)	国名	生産量(万トン)
1位	アメリカ	36 025	ブラジル	75 712
2位	中国	26 067	インド	37 050
3位	ブラジル	10 396	中国	10 812

(FAOSTATより)

Ⅰ（　X　）にあてはまるものを、次のア～エから1つ選び、記号で答えなさい。

ア　大豆　　イ　さとうきび　　ウ　小麦　　エ　綿花

Ⅱ　下線部について、ブラジルで主に（　X　）がバイオ燃料の原料として利用されることの問題点を次のア～ウから1つ選び、記号で答えなさい。

ア　食料不足　　イ　プランテーションの減少　　ウ　労働者不足

（2）資料2はドイツ、オーストラリア、アメリカ合衆国の3か国について調べたものである。これを見て，Ⅰ～Ⅲの問いに答えなさい。

資料2

	X社の店舗数	石炭の自給率	主要輸出品の輸出相手国1位
ドイツ	1,480	7	アメリカ合衆国
オーストラリア	973	1,376	Z
アメリカ合衆国	14,036	125	カナダ

（2018年貿易統計、他より）

Ⅰ　資料2のX社は、多くの国に販売や生産の拠点をもち、国境をこえて活動している企業である。このような企業を何というか。

Ⅱ　資料2の石炭の自給率を求める方法について説明した文の Y にあてはまる語句を、次のア～ウから1つ選び、記号で答えなさい。

石炭の自給率は、国内消費量に占める Y の割合を計算して求める。

ア　輸入量　　イ　輸出量　　ウ　国内産出量

Ⅲ　資料2のZに当てはまる国名を、次の文を読んで答えなさい。

Zは1990年代以降大きく経済成長し、この国の工業製品は世界中で使用されるようになり「世界の工場」とよばれるまでになった。

（3）オーストラリアについて正しく説明しているものを、次のア～エから2つ選び、記号で答えなさい。

ア　オーストラリアの先住民はマオリという。

イ　オーストラリアの北西部では鉄鉱石が多く産出される。

ウ　オーストラリアはAPECに参加している。

エ　オーストラリアの輸出品の割合で最も多いのは羊毛である。

2　次の1，2の問いに答えなさい。

1　地図5を見て、あとの問いに答えなさい。

地図5

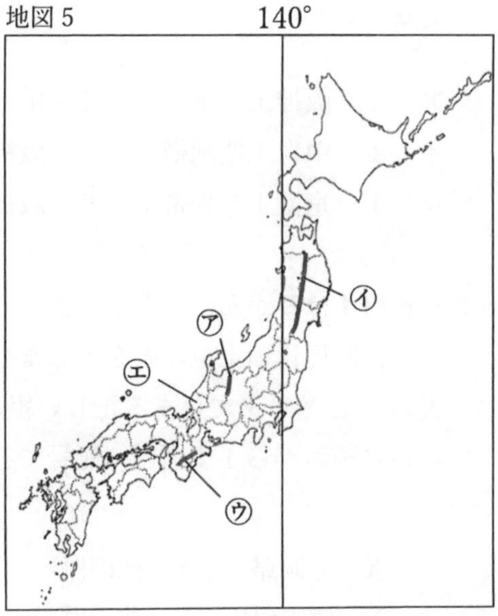

（1）地図5の東経140度の経線が通る県のうち、県名と県庁所在地の都市名が異なる県が2つある。それらの県を、次のア～エから2つ選び、記号で答えなさい。

ア　山形県　　イ　福島県　　ウ　栃木県　　エ　茨城県

（2）日本について正しく説明しているものを、次のア～エから2つ選び、記号で答えなさい。

ア　排他的経済水域は沿岸から12海里以内である。

イ　日本の最南端は東京都にある沖ノ鳥島である。

ウ　北方領土は、歯舞群島、色丹島、国後島、択捉島である。

エ　兵庫県明石市を通る東経135度の経線を本初子午線という。

（3）次の説明に当てはまる山脈・山地を地図5の㋐〜㋒から1つ選び、記号で答えなさい。

降水量が多く、樹木の生長がはやいことから、すぎやひのきの林業がさかんである。

（4）地図5の㋓県の雪の多い地域で、農家の副業として始まり、現在は国内生産の9割を占める地場産業がみられる。この地場産業を、次のア〜エから1つ選び、記号で答えなさい。

ア　タオル　　イ　楽器　　ウ　将棋駒　　エ　めがねフレーム

（5）下の表は、福島県、徳島県、熊本県、鹿児島県における、それぞれの県が隣接している県の数を比較したものである。福島県と鹿児島県にあてはまる正しい組み合わせを、右のア〜エから1つ選び、記号で答えなさい。

	A	B	C	D
隣接している県の数	6	4	3	2

	福島県	鹿児島県
ア	A	B
イ	A	D
ウ	C	B
エ	C	D

2　資料3,4、図Ⅰ〜Ⅲ、地図6を見て、あとの問いに答えなさい。

（1）資料3は日本のある鉱産資源の輸入相手国を示したものである。鉱産資源Xにあてはまるものを、次のア〜エから1つ選び、記号で答えなさい。

資料3　　Xの輸入相手国

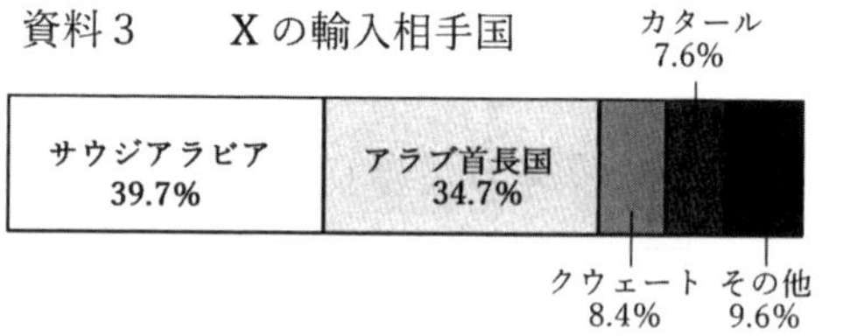

（2021年貿易統計より）

ア　鉄鉱石　　イ　石炭　　ウ　石油　　エ　天然ガス

（2）図Ⅰ〜Ⅲは、三大工業地帯の製造品出荷額の割合を示したものである。Ⅰ〜Ⅲが示す工業地帯の正しい組み合わせを、次のア〜ウから1つ選び、記号で答えなさい。

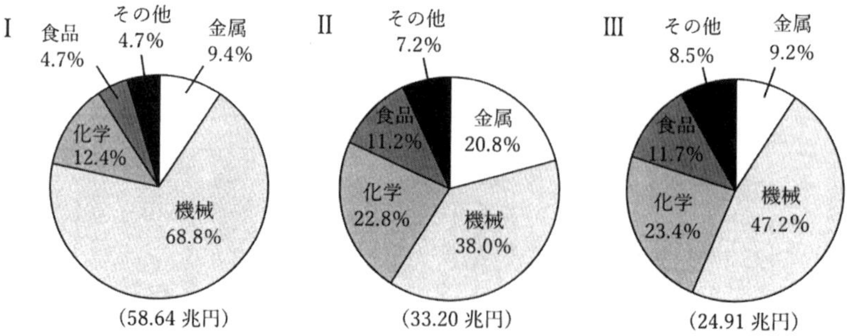

（2020年工業統計より）

ア　Ⅰ－阪神工業地帯　　Ⅱ－中京工業地帯　　Ⅲ－京浜工業地帯
イ　Ⅰ－中京工業地帯　　Ⅱ－阪神工業地帯　　Ⅲ－京浜工業地帯
ウ　Ⅰ－京浜工業地帯　　Ⅱ－阪神工業地帯　　Ⅲ－中京工業地帯

（3）資料4はみかん、りんご、ぶどう、茶について、収穫量の上位3県を示したものである。表のXとYにあてはまる正しい組み合わせを、次のア〜エから1つ選び、記号で答えなさい。

資料4　　農産物収穫量上位3県（2020年）

みかん	りんご	ぶどう	茶
和歌山県	青森県	山梨県	X
X	Y	Y	鹿児島県
愛媛県	岩手県	山形県	三重県

（農林水産統計データより）

ア　X－静岡県　　Y－秋田県　　イ　X－静岡県　　Y－長野県
ウ　X－熊本県　　Y－秋田県　　エ　X－熊本県　　Y－長野県

（4）次の文は地図6のA～Cのどの説明か、A～Cから1つ選び、記号で答えなさい。また、その平野名または台地名を答えなさい。

地図6

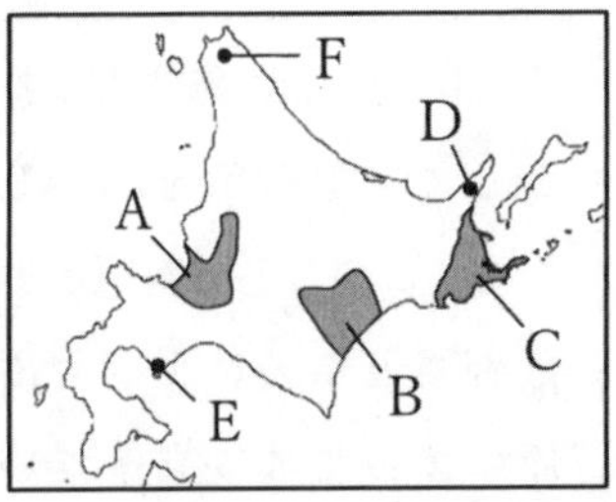

この地域は、もともとは農業に適さない泥炭地《でいたんち》であったが、客土《きゃくど》による土地改良が行われ、現在のような全国有数の米の生産地となった。

（5）地図6のD～Fのうち、世界遺産に登録されている知床を選び、記号で答えなさい。

3 次の1，2の問いに答えなさい。

1　日本と世界のできごとについてまとめた表を見て、あとの問いに答えなさい。

日本のできごと	世界のできごと
稲作が伝えられ、各地に国(クニ)が現れた。	世界各地で①古代文明が発展し、麦や稲の栽培が広まった。
最初の仏教文化である②飛鳥文化が栄えた。	シャカの説いた仏教がアジア各地に伝えられた。
寺社の門前や交通の要所で宋銭を使い③市が開かれた。	宋や④明が建国され、アジア各地で交流や貿易が進んだ。
ヨーロッパとの交流や貿易が始まった。	ヨーロッパ人が⑤新航路の開拓を行った。

（1）次の文は、下線部①が生まれた地域の説明である。その地域を、地図7のA～Dから1つ選び、記号で答えなさい。

地図7

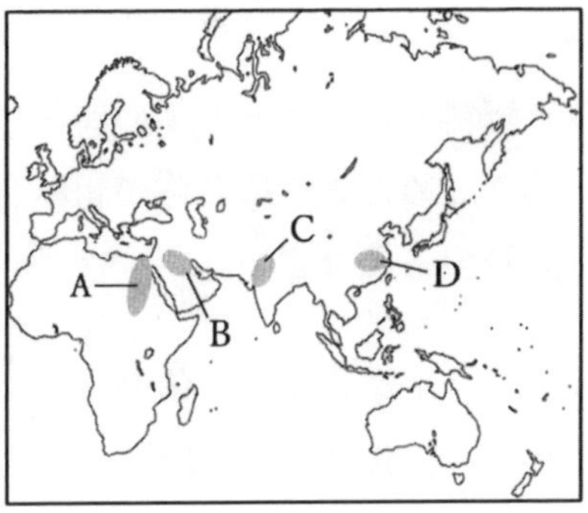

チグリス川とユーフラテス川流域に文明がおこり、紀元前3000年ごろに都市国家がいくつも生まれ、くさび形文字や太陰暦などを使用した。

（2）下線部②について、飛鳥文化の代表的な建物として正しいものを、次のア～エから1つ選び、記号で答えなさい。

ア　法隆寺　　イ　東大寺　　ウ　延暦寺　　エ　金剛峯寺

（3）下線部③について、鎌倉時代に決まった日に開かれるようになった、商品を交換する場を何というか。

（4）下線部④について、日本が明から輸入したものとして適切でないものを、次のア～エから1つ選び、記号で答えなさい。

ア　銅銭　　イ　生糸　　ウ　硫黄　　エ　陶磁器

（5）下線部⑤について、スペインやポルトガルが、新航路の開拓に乗り出した主な目的として適切なものを次のア～エから2つ選び、記号で答えなさい。

ア　キリスト教を広めること。　　イ　日本を植民地にすること。
ウ　アジアの香辛料を手に入れること。　　エ　ヨーロッパへの移住を促がすこと。

2　歴史上の人物についてまとめたカードⅠ～Ⅲを読んで、あとの問いに答えなさい。

Ⅰ　[あ]は、鎌倉を本拠地として武家政治を開始しました。このころの将軍と武士は御恩と奉公による主従関係によって成り立っていました。

Ⅱ　朝廷が二つに分裂し、全国の武士が二つの勢力に分かれ、内乱が続いていた時代、[い]は北朝と南朝を一つにまとめ、内乱を終結させました。

Ⅲ　平清盛は、後白河上皇の院政を助け、武士として初めて[う]になりました。平清盛は権力を強め、朝廷での政治の実権を握り、日本で初めての武士政権を作りました。

（1）カードⅠ～Ⅲの[あ]、[い]には人物名、[う]には朝廷の最高官職をそれぞれ答えなさい。

（2）カードⅡの下線部について、北朝と南朝が置かれた場所を、次のア～エからそれぞれ1つずつ選び、記号で答えなさい。

ア　隠岐《おき》　　イ　京都　　ウ　鎌倉　　エ　吉野

（3）カードⅢの下線部について、平清盛は、どのようにして朝廷での政治の実権を握ったか。資料5を参考に「娘」「天皇」という語句を用いて説明しなさい。

資料5

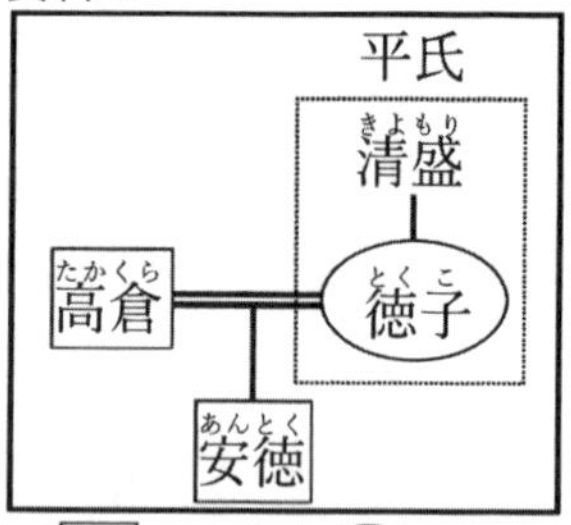

※□は天皇，○は女性，══は婚姻関係を示す。

（4）カードⅠ～Ⅲを時代の古い順に並べかえなさい。

（5）資料6は、カードⅠの時代の作品である。この作品名と、それを語り広めた人々の名称の組み合わせを、次のア～エから1つ選び、記号で答えなさい。

ア　「平家物語」－仏師　　イ　「平家物語」－琵琶法師
ウ　「徒然草」－仏師　　エ　「徒然草」－琵琶法師

資料6

（冒頭部分）
祇園精舎《ぎおんしょうじゃ》の鐘の声
諸行無常《しょぎょうむじょう》の響きあり。
沙羅双樹《しゃらそうじゅ》の花の色
盛者必衰《じょうしゃひっすい》のことわりをあらわす。

[4]　次の1，2の問いに答えなさい。

1　年表を見て、あとの問いに答えなさい。

年代	できごと
	X
1600	①関ヶ原の戦いがおこる
1603	②徳川家康が征夷大将軍になる
	Y
1641	オランダ商館を長崎の[　　]に移す 鎖国の体制が固まる
	Z
1680	③徳川綱吉が第5代将軍となる

（1）下線部①について、関ヶ原の戦いのころから徳川氏に従った大名を何というか、次のア～ウから1つ選び、記号で答えなさい。

ア　親藩　　イ　譜代大名　　ウ　外様大名

（2）下線部②について、徳川家康が東南アジアとの間で推し進めた貿易を何というか。

（3）[　　]にあてはまる適切な語句を答えなさい。

（4）次のできごとは、年表中X～Zのどこに入るか、X～Zから1つ選び、記号で答えなさい。

大阪の陣で豊臣氏が滅ぼされる

（5）下線部③について、徳川綱吉が行ったこととして適切でないものを、次のア～エから１つ選び、記号で答えなさい。

ア　貨幣の質を下げた。　　　　イ　朱子学を奨励した。

ウ　生類憐みの令を出した。　　エ　長崎貿易を制限した。

2　年表を見て、あとの問いに答えなさい。

年代	日本のできごと	年代	海外のできごと
1716	①徳川吉宗が享保の改革を始める		
1772	②田沼意次が老中になる		
		1775	⑤アメリカ独立戦争が起こる
1787	③松平定信が寛政の改革を始める		
		1789	⑥フランス革命が起こる
		1792	ロシアの使節⑦ラクスマンが根室に来航
		1804	ロシアの使節⑧レザノフが長崎に来航
1841	④水野忠邦が天保の改革を始める		

資料７

第１条　人は生まれながらに、自由で平等な権利を持つ。・・・・

第３条　主権の源は、もともと国民の中にある。・・・・・・・・

（1）次の政策を行った人物を、下線部①～④からそれぞれ１つずつ選び、記号で答えなさい。

ア　アヘン戦争で清がイギリスに敗れたことを知り、異国船打払令をやめた。

イ　株仲間の奨励や長崎貿易の拡大で財政改革を進めた。

（2）下線部⑤について、この戦争で北アメリカが独立したのはどこの国からか。また、独立後の初代大統領はだれか。国名と大統領名の正しい組み合わせを、次のア～エから１つ選び、記号で答えなさい。

ア　フランス－ローズベルト　　　イ　フランス－ワシントン

ウ　イギリス－ローズベルト　　　エ　イギリス－ワシントン

（3）下線部⑥について、フランス革命で発表された資料７を何というか。

（4）下線部⑦と⑧について、ロシアを警戒した幕府が調査を行い、その後、幕府の直接の支配地にした地域を、次のア～エから１つ選び、記号で答えなさい。

ア　樺太《からふと》　　イ　琉球《りゅうきゅう》　　ウ　蝦夷地《えぞち》　　エ　対馬《つしま》

（5）年表のころの化政文化について、次の文にあてはまる人物を、あとのア～エから１つずつ選び、記号で答えなさい。

Ⅰ　全国の海岸線を測量し、正確な日本地図を作った。

Ⅱ　貸本屋がたくさんでき、「東海道中膝栗毛《ひざくりげ》」は多くの人に読まれた。

ア　本居宣長　　イ　伊能忠敬　　ウ　曲亭《きょくてい》(滝沢《たきざわ》)馬琴《ばきん》　　エ　十返舎一九《じっぺんしゃいっく》

1　次の1，2の問いに答えなさい。

1　次の実験について，あとの問いに答えなさい。

【実験】

図1のように，4本の試験管A～Dにデンプン溶液を5㎤ずつ入れ，試験管AとBには水でうすめただ液1㎤を，試験管CとDには水1㎤をそれぞれ入れた。次に，4つの試験管を約40℃のお湯に入れ，10分程度温めたあと，試験管AとCにはヨウ素液を入れ，試験管BとDにはベネジクト液を加えて十分に加熱し，色の変化を確認した。

下の表は実験の結果をまとめたものである。

図1

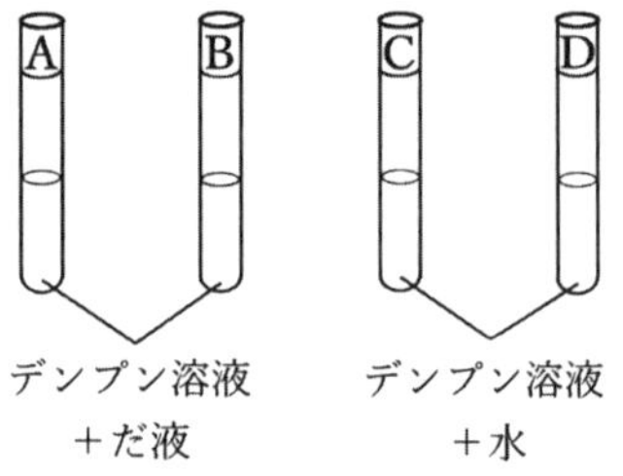

表

試験管A	試験管B	試験管C	試験管D
変化なし	赤褐色の沈殿ができた	□色になった	変化なし

（1）【実験】の下線部について，ガスバーナーを使い試験管を加熱するときの操作として最も適当なものを，次のア～エから1つ選び，記号で書きなさい。

ア　試験管に沸騰石を入れ，試験管を動かさないようにして加熱する。
イ　試験管に沸騰石を入れ，試験管を軽く振りながら加熱する。
ウ　試験管に温度計を入れ，試験管を動かさないようにして加熱する。
エ　試験管に温度計を入れ，試験管を軽く振りながら加熱する。

（2）表の□に入る色を書きなさい。

（3）【実験】の結果からわかることについて説明した下の文の，①と②にあてはまる試験管の組み合わせとして最も適当なものを，次のア～カからそれぞれ1つずつ選び，記号で書きなさい。

この実験において，試験管［①］の比較から，だ液のはたらきによりデンプンが分解されたことがわかる。また，試験管［②］の比較から，だ液のはたらきにより麦芽糖などができたことがわかる。

ア　AとB　　イ　AとC　　ウ　AとD　　エ　BとC　　オ　BとD　　カ　CとD

（4）下の文はデンプンの消化について説明したものである。文中の（　i　），（　ii　）にあてはまる語句をそれぞれ書きなさい。

デンプンは，だ液にふくまれる消化酵素である（　i　）によって分解されたあと，すい液にふくまれる消化酵素や，小腸の壁の消化酵素によって，さらに分解されて（　ii　）になる。

2　次の（1），（2）の各問いに答えなさい。

（1）図2はたかしさんが校庭に生えていたツツジの花を分解してスケッチしたものである。これについて，①～③の各問いに答えなさい。ただし，A～D，ア～エは問題作成のため付け足したものである。

図2

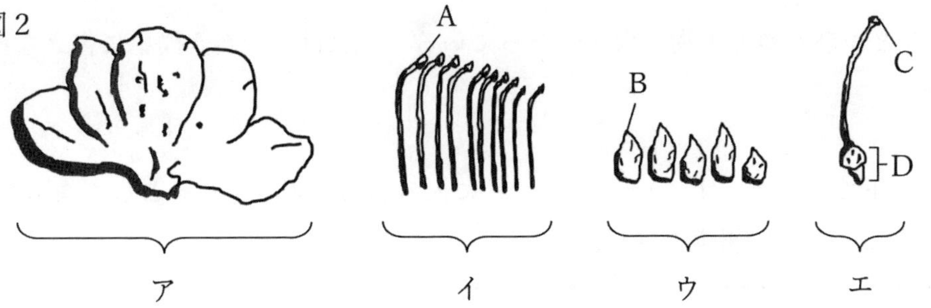

5月9日
天気：晴れ
場所：校庭

ツツジの花
大きさ：約6cm
花弁：ピンク

① 図2のア～エを，ツツジの花の外側にあるものから中心部分にあるものの順に並べ替えなさい。

② 図2のスケッチのしかた，記録のしかたには適切でないところがある。その適切でないところを，次のア～エから1つ選び，記号で書きなさい。

ア その日の天気など，観察するものとは関係ない情報をかいている。
イ 大きさや色など，観察するものの情報を文字で表している。
ウ 背景などの見えるものすべてを書かず，目的とするものだけをかいている。
エ 影をつけたり，重ね塗りをしたりして立体的に見えるようにしている。

③ ツツジの花において，受粉すると成長して果実になる部分はどこか。図2中のA～Dから1つ選び，記号で書きなさい。また，その部分の名称も書きなさい。

（2）右の図3のゼニゴケにはXで示したところに根のように見える部分がある。このXについて説明した下の文の（　i　），（　ii　）に入る語句や内容として正しいものを，次のア～エからそれぞれ1つずつ選び，記号で書きなさい。

図3

Xは（　i　）とよばれ，（　ii　）役目をしている。

ア 地下茎　　イ 仮根　　ウ からだを土や岩に固定させる　　エ 効率的に水を吸収する

2　次の1，2の問いに答えなさい。

1　次の【観察1】，【観察2】について，あとの問いに答えなさい。

【観察1】

図4は火成岩A, Bをルーペで観察し，スケッチしたものである。

【観察2】

火山灰C, Dを顕微鏡で観察したところ，火山灰Dは火山灰Cよりも有色鉱物を多くふくんでいることがわかった。

図5は火山灰C, Dをスケッチしたものである。

図4

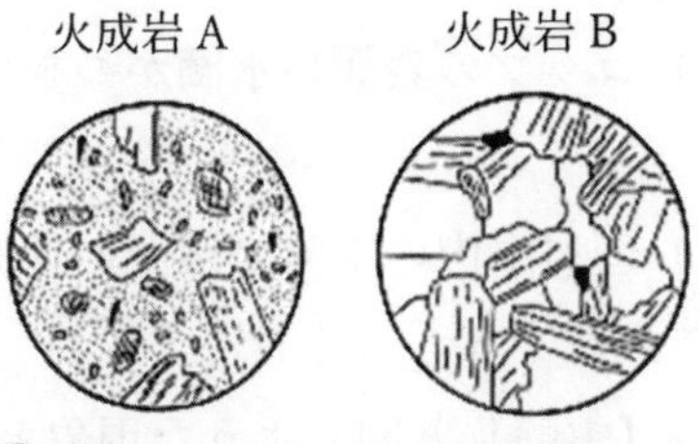

図5

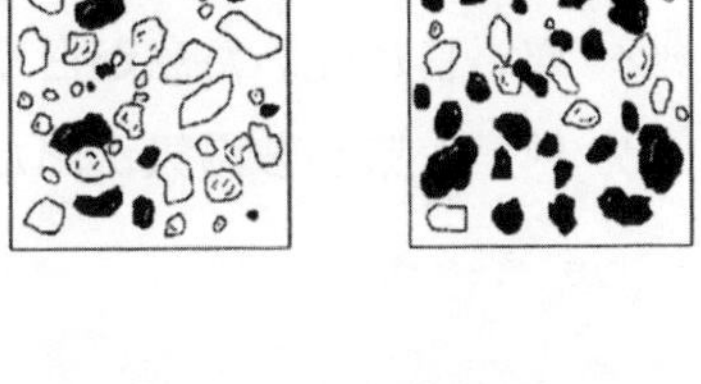

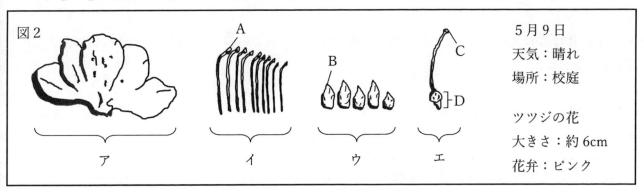

（1）図4のAにみられる，形がわからないほどの小さい鉱物の粒やガラス質の部分を何というか。

（2）図4のBは同じくらいの大きさの鉱物が集まってできている。このようなつくりを何というか。

（3）図4のBはAに比べて，ひとつひとつの鉱物が大きくなっている。これはなぜか、簡単に書きなさい。

（4）【観察2】について説明した下の文の（　i　），（　ii　）に入る語句の組み合わせとして適切なものを，次のア～エから1つ選び，記号で書きなさい。

【観察2】の結果から，火山灰Cを放出した火山は，火山灰Dを放出した火山に比べて，マグマのねばりけが（　i　），爆発的な噴火をすることが（　ii　）ということがわかる。

ア　i：強く　ii：少ない　　イ　i：強く　ii：多い
ウ　i：弱く　ii：少ない　　エ　i：弱く　ii：多い

2　次の【実験】について，あとの問いに答えなさい。

【実験】

室温が20℃の理科室で，金属製のコップに室温と同じ温度の水を3分の1程度まで入れた。その後，図6のように，ガラス棒でゆっくりかき混ぜながら氷水を少しずつ加えると，水温が14℃のとき，コップの表面に水滴がつきはじめた。

図6

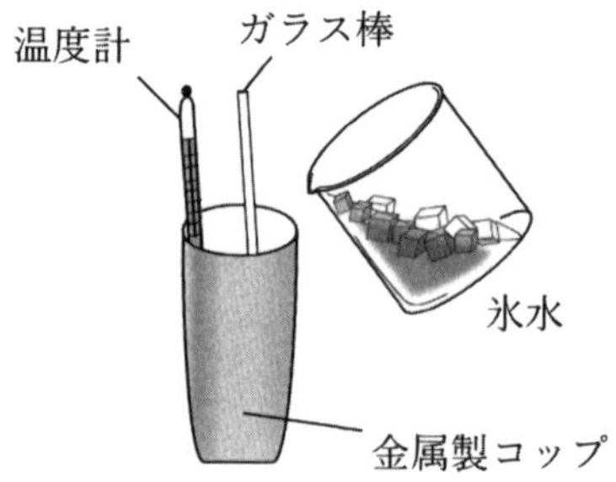

表は，気温と飽和水蒸気量の関係を表したものである。

表

気温(℃)	12	14	16	18	20	22	24
飽和水蒸気量(g/㎥)	10.7	12.1	13.6	15.4	17.3	19.4	21.8

（1）【実験】で金属製のコップを用いた理由を説明した下の文のa, bの（　）内から適語をそれぞれ選び，書きなさい。

金属製のコップを用いたのは，金属が熱をa(伝えやすく/伝えにくく)，コップの中の温度とコップの表面付近の空気の温度がb(同じになる/大きく異なる)ようにできるからである。

（2）コップの表面に水滴がつきはじめたときの温度を何というか。

（3）理科室内の空気の湿度は何%か。小数第1位を四捨五入して，整数で答えなさい。

（4）【実験】と同じような現象として適切でないものを次のア～ウから1つ選び，記号で書きなさい。

ア 寒い日に池の水が凍った。
イ 寒い日に吐いた息が白くくもった。
ウ 熱いお茶から湯気が出た。

3　次の【実験１】，【実験２】について，あとの問いに答えなさい。

【実験１】

図７のように，プラスチックの容器にうすい塩酸 5ml と炭酸水素ナトリウム 1g を別々に入れて密閉し，容器全体の質量をはかる。

次に，容器を傾けて，うすい塩酸と炭酸水素ナトリウムを混ぜ合わせて，反応が終わってから容器全体の質量をはかった。

図７

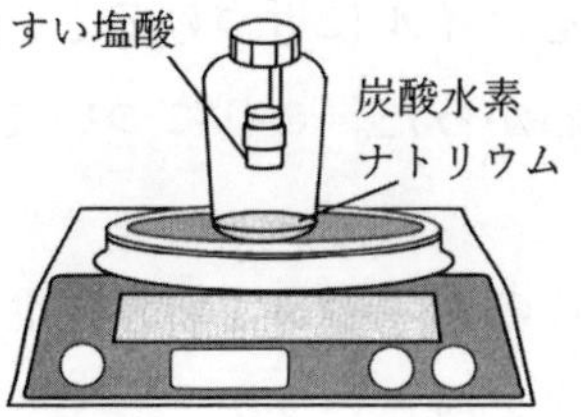

【実験２】

図８のように，ステンレス皿にいろいろな質量の銅の粉末をうすく広げてかき混ぜながら加熱し，質量の変化がなくなるまで加熱した。表はその結果をまとめたものである。

図８

表

銅の粉末の質量[g]	0.40	0.80	1.20	1.60
酸化銅の質量[g]	0.50	1.00	1.50	2.00

（１）【実験１】で発生した気体は何か。化学式で答えなさい。

（２）【実験１】の結果について説明した下の文の（　X　），（　Y　）にあてはまる語句を次のア～エから１つずつ選び，記号で書きなさい。また，（　Z　）には適切な語句を書きなさい。

化学変化の前後では，物質をつくる（　X　）は変化するが，（　Y　）は変化しないため，化学変化に関係している物質全体の質量は，化学変化の前後で変わらない。これを（　Z　）という。

ア　原子の種類　　イ　原子の種類と数　　ウ　原子の組み合わせ　　エ　原子の組み合わせと数

（３）【実験１】での反応後，ふたを開けた。その後，再びふたを閉めて容器全体の質量を測定した。このときの質量は，ふたを開ける前と比べるとどうなっているか。ア～ウから１つ選び，記号で書きなさい。

ア　増加した。　　イ　減少した。　　ウ　変わらなかった。

（４）【実験２】で，下線部のようにした理由はなぜか。簡単に書きなさい。

（５）【実験２】のように，銅を加熱してできる酸化銅の色は何色か。

（６）【実験２】の表の結果をもとに，銅の粉末の質量と化合した酸素の質量の関係をグラフに書きなさい。

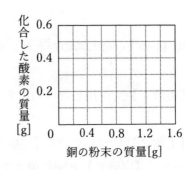

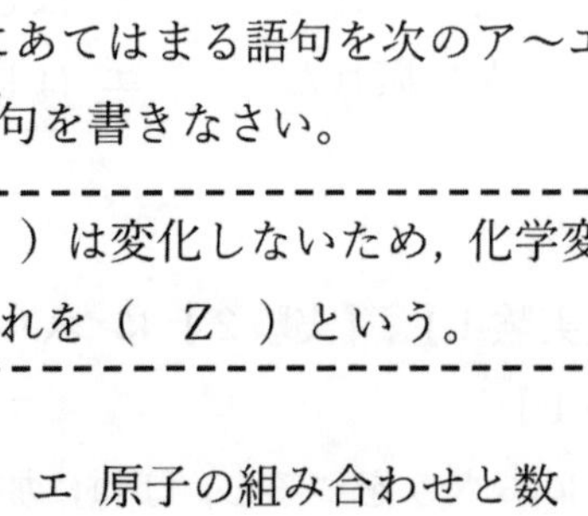

（７）【実験２】で，銅と酸素はどのような質量比で結びつくか。最も簡単な整数比で答えなさい。

（８）【実験２】で，酸化銅 3.50 g の中には，酸素が何 g ふくまれているか。

4　次の1，2の問いに答えなさい。

1　図9のように，コイルに検流計をつないだ回路をつくり，棒磁石のN極をコイルに近づけると，検流計の針が右に振れ，電流が流れたことがわかった。これについて，あとの問いに答えなさい。

図9

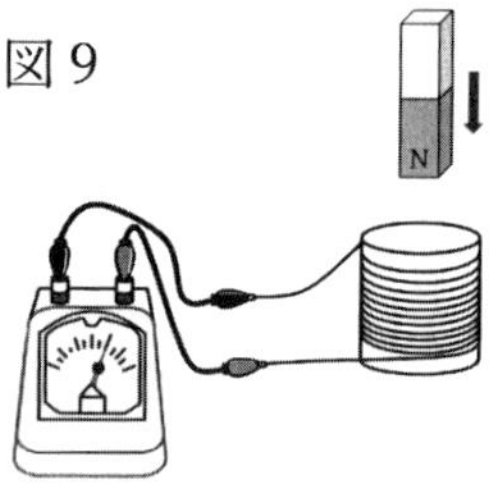

（1）この実験のように，コイル内の磁界を変化させたときに電圧が生じて，コイルに電流が流れる現象を何というか。

（2）棒磁石のS極をコイルに近づけると検流計の針は右，左のどちらに振れるか。

（3）検流計の針の振れをより大きくするには，棒磁石をどのように動かせばよいか。

（4）図10のように，棒磁石を矢印の向きに移動させると，検流計の針はどのようになるか。次のア～エから適切なものを1つ選び，記号で書きなさい。

図10

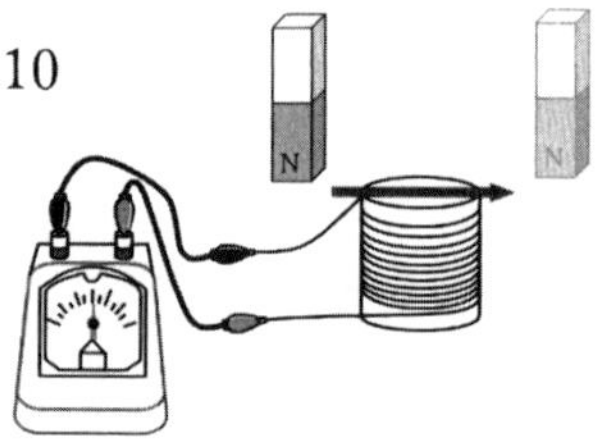

ア　右に振れた。　　　イ　はじめは右に振れ，途中から左に振れた。
ウ　左に振れた。　　　エ　はじめは左に振れ，途中から右に振れた。

2　【実験1】，【実験2】について，あとの問いに答えなさい。

【実験1】
ばねにおもりをつるし，ばねに加えた力の大きさとばねののびとの関係を調べると，図11のようになった。質量100gの物体にはたらく重力の大きさを1Nとする。

図11

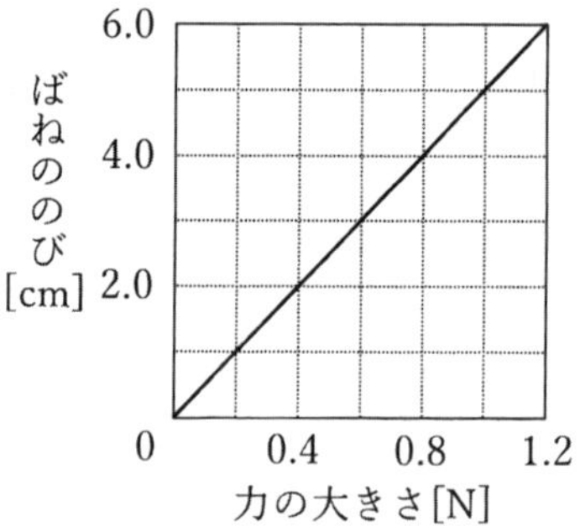

【実験2】
図12のように，モノコードの弦をはじき，コンピュータで音の波形を調べた。図13はそのときの音のようすで，縦軸は音の振動の幅，横軸は時間を表している。

図12

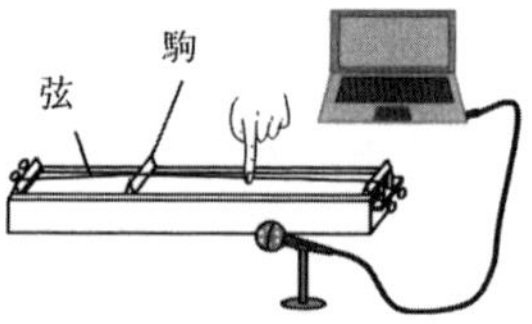

図13

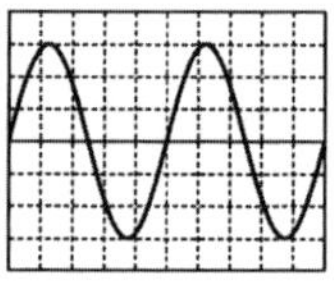

（1）図11から，ばねののびとばねに加えた力の大きさにはどのような関係があることがわかるか。

（2）【実験1】で使用したばねに50gのおもりをつるすと，ばねののびは何cmになるか。

（3）【実験2】について，①【実験2】よりも弦を強くはじいたとき，②【実験2】よりも弦を強くはって，【実験2】と同じ強さで弦をはじいたときのコンピュータの画面に表れる音のようすとして適当なものを，次のア～オの中からそれぞれ1つずつ選びなさい。

ア

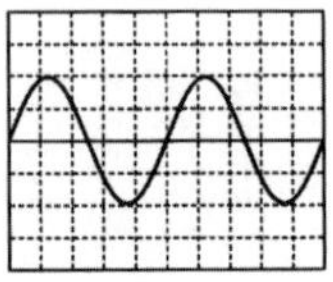

イ

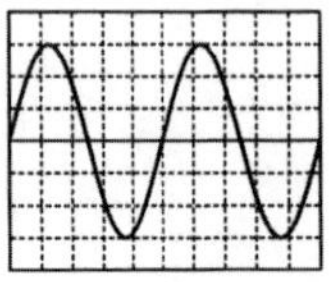

ウ

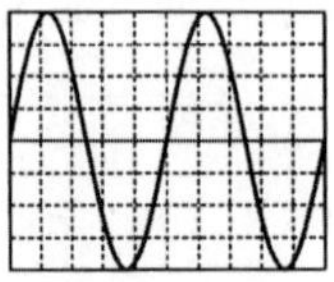

エ

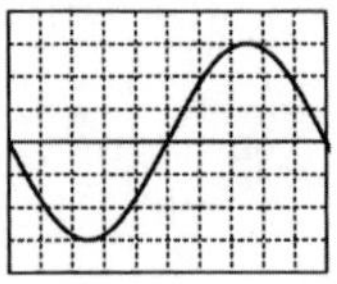

オ

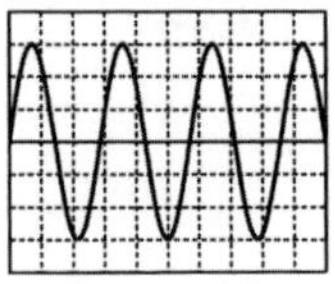

理科－2

1　次の１，２の問いに答えなさい。

１　次の【実験】について，あとの問いに答えなさい。

【実験】

　図１のように，バットの中に，液体のエタノールが入ったポリエチレンの袋を密閉して置き，ポリエチレンの袋に熱いお湯をかけたところ，袋が大きくふくらんだ。

図１

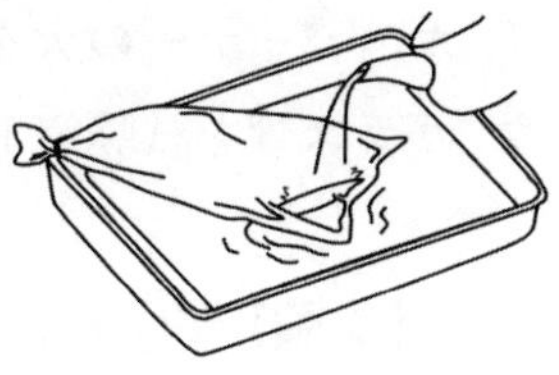

（１）【実験】で使用したエタノールは，分子をつくる物質である。次のア～エのうち，エタノールとは違い，分子をつくらない物質を１つ選び，記号で書きなさい。

ア　銀　　イ　水素　　ウ　アンモニア　　エ　二酸化炭素

（２）【実験】の下線部のときの，袋の中のエタノールの粒子のようすを模式的にかいたものとして最も適切なものを，次のア～エから１つ選び，記号で書きなさい。

ア

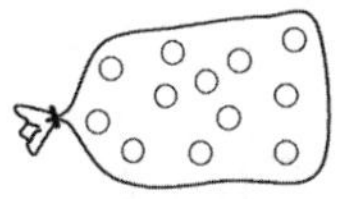

粒子の数が増えた。

イ

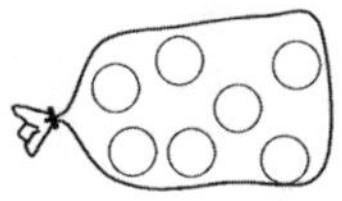

粒子の大きさが，数倍に変化した。

ウ

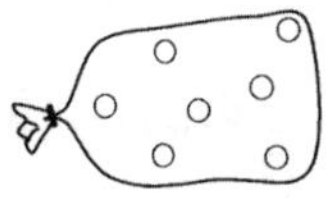

粒子の数は変わらず，粒子同士の間隔が広くなった。

（３）【実験】で，下線部のようになったエタノールの密度は，実験前の密度と比べてどうなったか。

（４）右の表は，物質Ａ～Ｄの４種類の融点と沸点を示したものである。物質の温度が－20℃であるとき，液体であるものはどれか。すべて選び，記号で書きなさい。

表

	融点[℃]	沸点[℃]
A	63	360
B	0	100
C	－138	－0.5
D	－39	357

２　次の【実験】について，あとの問いに答えなさい。

【実験】

　図２のように，酸化銅と炭素の粉末の混合物を試験管に入れ，ガスバーナーで加熱すると，気体が発生し，試験管Ａ内には赤色の銅が残った。

図２

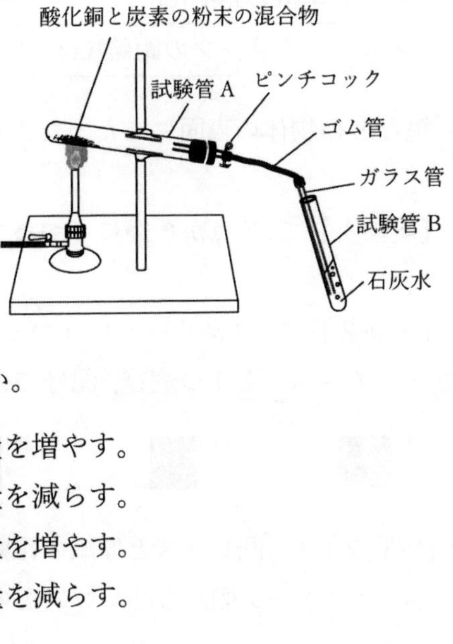

（１）この【実験】で，ガスバーナーに点火すると，炎の色が赤色であった。このときどのような操作をすればよいか。最も適切なものを，次のア～エから１つ選び，記号で書きなさい。

ア　空気の量が少ないので，空気調節ねじをゆるめて空気の量を増やす。
イ　空気の量が多いので，空気調節ねじを少し閉めて空気の量を減らす。
ウ　ガスの量が少ないので，ガス調節ねじをゆるめてガスの量を増やす。
エ　ガスの量が多いので，ガス調節ねじを少し閉めてガスの量を減らす。

（2）この【実験】において，試験管Bの石灰水はどのように変化するか。

（3）この【実験】において，気体が発生しなくなったあとの手順について，ア～ウを正しい順番に並べかえなさい。

ア　ピンチコックでゴム管を閉じる。
イ　ガスバーナーの火を止める。
ウ　ガラス管を試験管Bからぬく。

（4）この【実験】で①酸化された物質，②還元された物質 をそれぞれ書きなさい。

（5）この【実験】で起きた化学変化を，原子のモデルで表すとどうなるか。下のX, Yにあてはまるモデルをそれぞれ書きなさい。ただし，●は銅，◎は酸素，○は炭素とする。

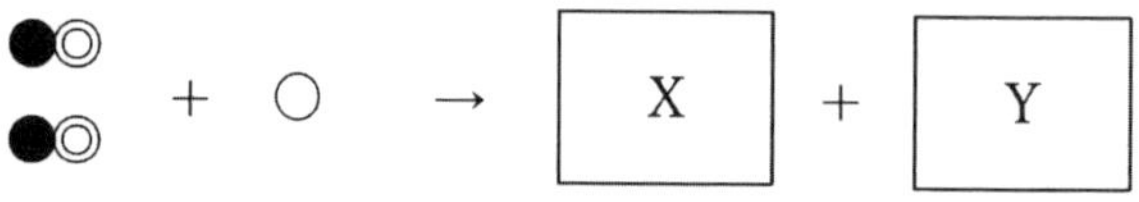

2　次の1，2の問いに答えなさい。

1　【実験1】，【実験2】について，あとの問いに答えなさい。

【実験1】

右の図3のように，鏡と4本の棒A～Dを方眼紙の上に立てた。E点に立っている人にそれぞれの棒が鏡にうつって見えるかを調べた。

【実験2】

図4のような装置を使って凸レンズによる像のでき方を調べた。下の表は凸レンズと厚紙の距離ごとの，はっきりとした像がうつるときの凸レンズとスクリーンの距離の記録である。

凸レンズと厚紙の距離[cm]	5	10	15	20	25
凸レンズとスクリーンの距離[cm]			28	20	17

図3

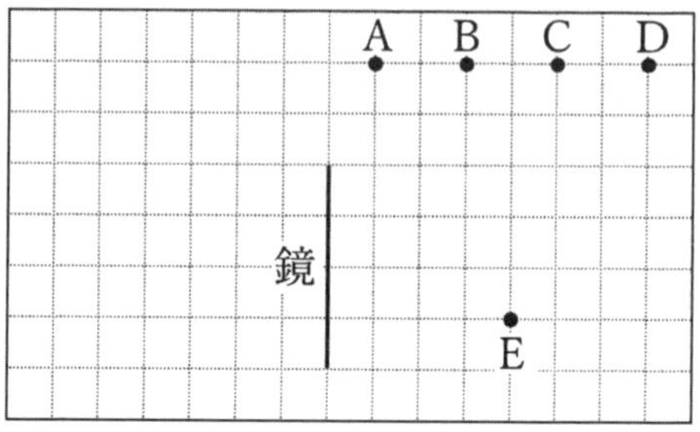

図4

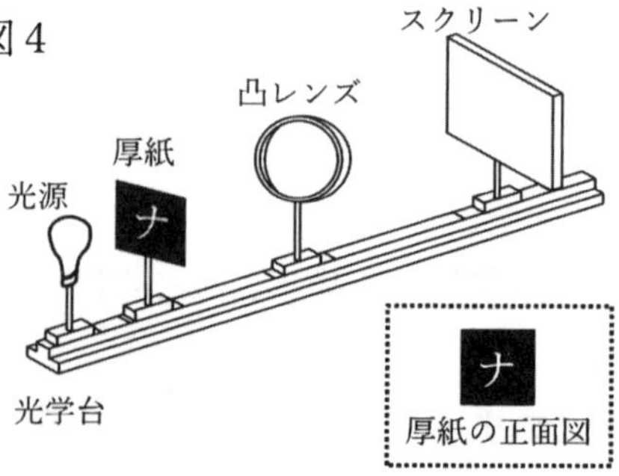

（1）鏡などの物体の表面にあたった光がはね返ることを何というか。

（2）【実験1】で，E点から鏡にうつって見えた棒を図3のA～Dからすべて選び，記号で書きなさい。

（3）【実験2】で，スクリーンにうつった像を凸レンズ側から見たときの像の見え方として，正しいものを下のア～エから1つ選び，記号で書きなさい。

ア 　イ 　ウ 　エ 

（4）【実験2】で，凸レンズと厚紙の距離が5cmのとき，凸レンズ側からスクリーンを見ても像が見えないが，スクリーン側から凸レンズをのぞくと，実際よりも大きな像が見えた。この像を何というか。

2　電流による発熱量を調べるため，次の【実験】を行った。これについて，あとの問いに答えなさい。

【実験】

図5のような装置で，抵抗の大きさが2Ωの電熱線aに6Vの電圧を加えて電流を流し，1分ごとの水の温度をはかった。次に抵抗の大きさが4Ωの電熱線bにかえ，同様の実験を行い，水の温度をはかった。この結果をグラフに表すと，図6のようになった。

図5

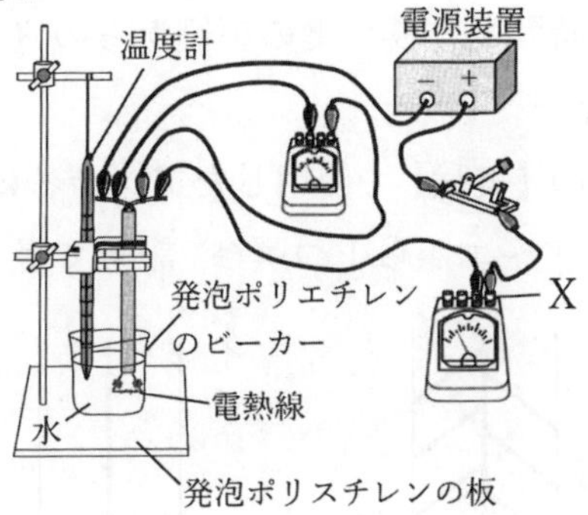

図6

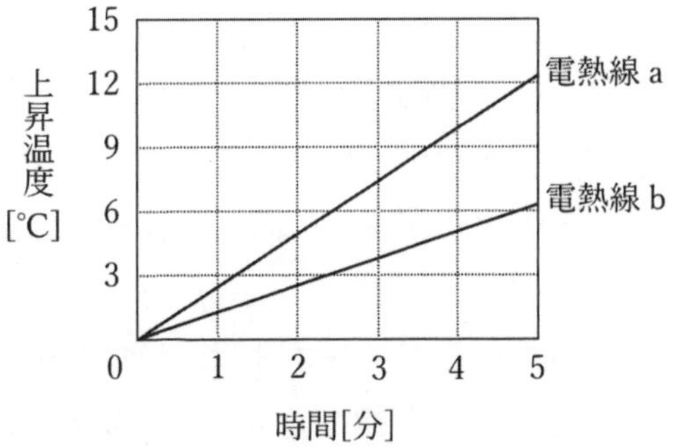

（1）図5のXが示している端子は何か。正しいものを下のア～エから1つ選び，記号で書きなさい。

ア　電流計の－端子　　イ　電流計の＋端子

ウ　電圧計の－端子　　エ　電圧計の＋端子

（2）電熱線aに流れる電流の大きさを求めなさい。

（3）電熱線bに6Vの電圧を加えたときの電力を求めなさい。

（4）この【実験】の結果である図6からわかることを下のようにまとめた。この文の①～③にあてはまる語句を（　）内からそれぞれ選び，書きなさい。

> 電熱線の抵抗を①(小さく/大きく)すると，流れる電流が②(小さく/大きく)なるため，電力が③(小さく/大きく)なり，水の上昇温度が大きくなる。

3　次の1，2について，あとの問いに答えなさい。

1　次の【実験】について，あとの問いに答えなさい。

【実験】

①葉の数と大きさ，茎の太さや長さがほぼ同じアジサイを3本用意して，図7のように処理をして，それぞれメスシリンダーにさした。そこに水を加え，少量の油を注いで水面をおおい，全体の質量が100gになるように調整した。

②5時間後，アジサイA～Cをさしたメスシリンダー全体の質量をそれぞれ調べ，表にまとめた。

図7

A：葉の表側にワセリンをぬる　B：葉の裏側にワセリンをぬる　C：ワセリンをぬらない

表

	A	B	C
5時間後のメスシリンダー全体の質量[g]	87.0	91.5	79.0

（1）植物のからだの表面から，水が水蒸気となって出ていくことを何というか。

（2）この【実験】で，下線部の操作をした理由を簡単に書きなさい。

（3）5時間あたりに葉の裏側からの（1）をする水の質量は何gか。

（4）この【実験】で使用したアジサイに，色水を吸わせたときの茎の縦断面図として，最も適当なものを次のア〜エから1つ選び，記号で書きなさい。

2　次の（1），（2）について，あとの問いに答えなさい。

（1）いくつかの動物を，からだのつくりや特徴について，図8のようにA〜Dのグループに分けた。これについて，①〜③の問いに答えなさい。

図8

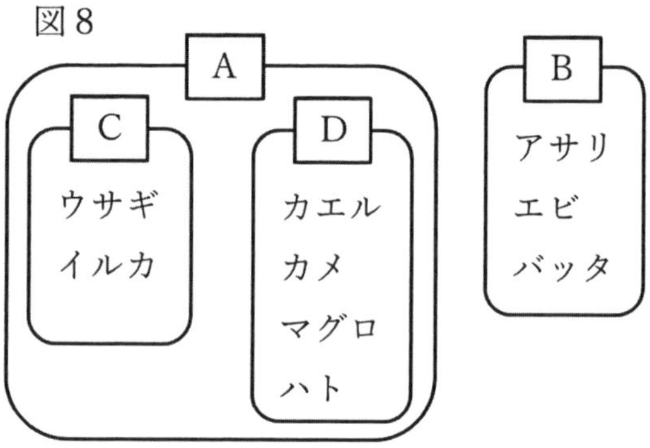

① グループAとグループBは，どのようなからだのつくりをもとに分類したものか，書きなさい。

② グループBについて述べた下の文の（　i　），（　ii　）にあてはまる語句をそれぞれ書きなさい。

> グループBの中で唯一，軟体動物なのは（　i　）である。軟体動物には内臓を包む膜があり，それを（　ii　）という。

③ グループCとDを分ける特徴として適切なものを次のア〜エから1つ選び，記号で書きなさい。

ア　羽毛で体がおおわれていか，どうか。　　　イ　一生水中で生活するか，しないか。

ウ　一生を通じて肺で呼吸するか，しないか。　エ　子の産み方が卵生か，胎生か。

図9

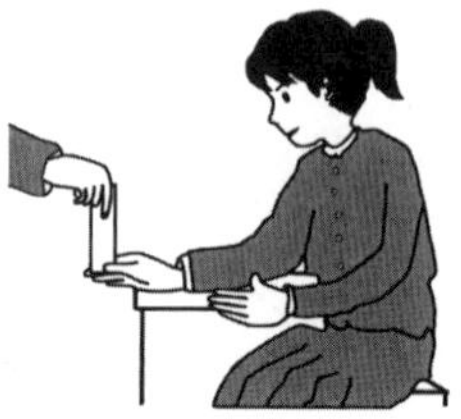

（2）図9のように，ものさしが落ちはじめたのを見たらすぐに，ものさしをつかみ，つかんだ位置のメモリを読む実験を行った。

①　この実験の結果，ものさしが落ちた距離は12cmであった。図10から，ものさしが落ちるのを見てからつかむまでに何秒かかったことになるか。

図10

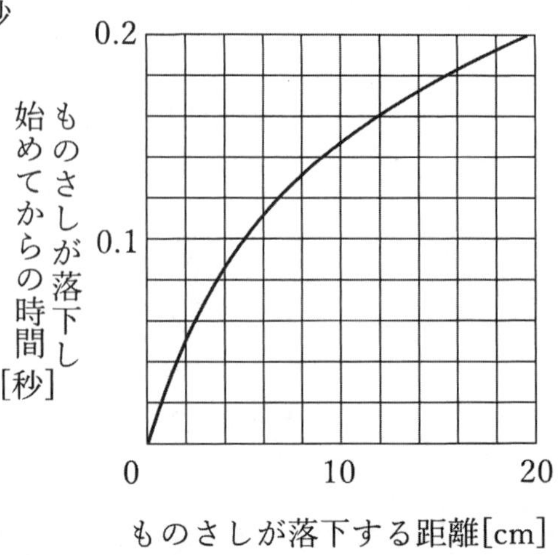

② 目から筋肉までの刺激や命令の信号は，どのような経路で伝わるか。最も適切な順番になるように，図11から必要なものを選び，左から並べて記号で書きなさい。

図11

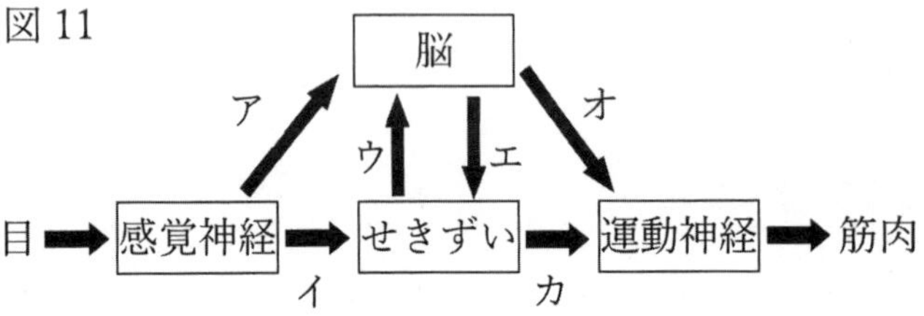

一　次の傍線部の漢字の読み方として適切なものを、あとのア～エから一つずつ選び、記号で答えなさい。

1　無料で頒布する。
ア　リョウフ　イ　ハイフ　ウ　ブンプ　エ　ハンプ

2　彼女は朗らかだ。
ア　ホガ　イ　アキ　ウ　キヨ　ウ　ヤワ

3　町が廃れる。
ア　ヤブ　イ　コワ　ウ　スタ　エ　ヨゴ

4　その場を繕う。
ア　ヌ　イ　ヨソオ　ウ　ツグナ　エ　ツクロ

二　次の傍線部のカタカナを漢字に直しなさい。

1　シンチョウに行動する。　2　交通ジュウタイが激しい。
3　企業にシュウショクが決まる。　4　友人とのザツダンは楽しい。

三　次の文章を読んで、あとの問いに答えなさい。

江戸幕府を開いた徳川家康が長寿であったことは知られています。戦国時代から江戸時代にかけての平均寿命が三十五歳から四十歳と言われている中、家康はその二倍近い七十五歳まで生きていました。それも、亡くなる数か月前まで趣味の鷹狩りに出かけていたということなので、晩年までかなり元気だったと思われます。

家康が長寿であった理由はいくつか推測できます。

一つ目は、食事です。身分の高い武士は、高級食である白米を好んで食べていましたが、家康は一般庶民が食べていた麦飯を好んで食べていました。家康は麦飯の栄養価について熟知しており、家臣にも麦飯を奨励していました。汁物は味噌汁、おかずは魚、梅干し、漬物などです。いわゆる一汁一菜といわれるような粗食に徹していました。［あ］、食べ方にもこだわり、一口につき四十八回噛んでいたそうです。

二つ目は、運動です。武術、水泳、乗馬、鷹狩りなどをしていました。現代のスポーツとは違い、戦乱の世の中、自らの身を守るためにそれらを身に付けることは必要だったのです。ただ、晩年の家康は、健康のためにという意識で特に鷹狩りを続けていました。

三つ目は、薬の知識です。中国の「和剤局方」など薬剤の処方の書物を愛読し、薬草園を作っていろいろな薬草を栽培しました。その薬草をもとに自ら薬の調合まで行っていました。

［い］、家康は自身や家臣の健康のために、食事や運動などに日々気を①使い、「健康で長寿こそ勝ち残りの源である」と常々語っていました。戦乱の世の中にあって、この哲学は家康の堅実さを表しており、まさに［う］です。自身が健康で長生きできたからこそ、二百六十年にわたる天下泰平の世の礎を築いたとも言えるでしょう。

戦乱の時代と今とでは、私たちを取り巻く環境は全く違います。「一汁一菜」や「鷹狩り」をそのままそっくり真似を②することはできません。ただ、健康でいたいと③願う気持ちやそのために日々気を配ることは、歴史に名を刻む家康であろうが、現代の私たちであろうが同じなのだと思います。

1 二重傍線部「乗馬」と同じ組み立ての熟語を、次のア～エから一つ選び、記号で答えなさい。
ア 絵画　イ 登山　ウ 寒暖　エ 無効

2 傍線部①～③の動詞のうち、活用の種類が他と異なるものを一つ選び、記号で答えなさい。

3 [あ]と[い]に当てはまる適切な語句の組み合わせを、次のア～エから一つ選び、記号で答えなさい。
ア あ．また　い．しかし　イ あ．また　い．このように
ウ あ．しかし　い．このように　エ あ．しかし　い．つまり

4 [う]に入る適切な四字熟語を、次のア～エから一つ選び、記号で答えなさい。
ア 自画自賛　イ 順風満帆　ウ 有言実行　エ 奇想天外

5 波線部「理由は……」とあるが、そのことについてまとめた次の文の[　]に適する語句を答えなさい。

> 家康が長寿であったと考えられる理由として、筆者は、[　]、[　]、[　]の三つを挙げている。

6 本文の内容と合っているものを、次のア～エから一つ選び、記号で答えなさい。
ア 徳川家康は三十五歳くらいから食事などに気を付け、七十五歳になってから鷹狩りを趣味にした。
イ 徳川家康は白米より麦飯の方が栄養価が高いことを知っており、家臣にも麦飯を勧めていた。
ウ 江戸時代が長く続く天下泰平の世の中であったのは、徳川家康が作った薬草園と薬のおかげである。
エ 戦乱の時代と現代とでは取り巻く環境は違うが、徳川家康の生活を真似をすることで健康を維持できる。

四

次の文章を読んで、あとの問いに答えなさい。

中学最後の大会が終わり、ひとしきり泣いたあと、みんなで帰路についていた。頭の中でさっきの試合のことを考えながら歩いていると、いつのまにか話題は進路のことになっていた①らしい。キャプテンの圭佑がみんなの半歩後ろを歩く副キャプテンの凌太にも話を振った。
「凌太は高校どこに行くの？」
「今のところ北高かなー」凌太は答えた。
「バスケの強豪校じゃん」「レギュラーとるの大変そう」など、みんなそれぞれにさまざまな反応をした。
「ー・・・」少しの沈黙が訪れた。凌太はぎこちなく微笑み、②太い眉毛をハの字にしたまま話し出した。
「バスケを続けるかはまだ決めてないよ」
凌太はチームで一番上手だった。そんな彼が高校でバスケをしないとはだれも思わなかった。
「ときどき思うんだよ。このまま部活だけをし続けたら、進路はどうなるのだろう。ってね」
その言葉は、話を聞いていただけの僕の心をチクリと刺激した。
さっきの試合で上には上がいることを痛感させられた。僕はプロにはなれない。それなのに毎日のようにつらい練習を続けていったい何になるんだろう。

③僕は少しだけ歩く速さをゆるめた。

「それに見ただろ、相手チーム。あいつら俺らに勝ったのに怒られてただろ。あんな姿見てるとさー」

「それは何のいいわけ?」　圭佑が凌太の話を遮るように話し始めた。

「さっきから考え込んでる顔してると思ったらそんなこと考えてたのか。ここにいるみんなはバスケが好きだから続けてきたんだろ。それに試合に負けて一番泣いていたのはお前じゃないか。今までの努力は無駄にならないんだし、高校でいくらでも挽回できるよ。バスケが楽しい、勝ちたいって思うなら続けた方がいいんじゃないか」

僕はその言葉に□を打たれた。いつのまにか勝たなきゃ意味がない、負けたら今までの努力が無駄になると思っていたのかもしれない。練習はつらくて苦しいものだと思い、バスケを始めたばかりのすべてが楽しかったころの気持ちを忘れかけていた。負けたからって何もかも失うわけではない。そうだ、バスケは楽しいんだ。

隣を歩く凌太の顔は先ほどまでより少し晴れやかに見えた。もしかすると凌太にも響いたのではないだろうか。そうだったらいいな。

ぼんやりと空を仰ぎ見た。夕方の六時半を過ぎているのに、まだわずかに橙色を残していた。気候はだいぶ暖かくなったが、やはり夕暮れ近くになるとほんの少し肌寒い。

「凌太ともう少しバスケしたいから僕も北高に行こうかなー」

そう言って、僕は歩く速度を戻してみんなと並んで歩いた。

1　傍線部①「らしい」と同じ意味で使われているものを、次のア～エから一つ選び、記号で答えなさい。

ア 春らしい気候になってきた。　イ 高校生らしい生活を心がける。

ウ 台風が接近しているらしい。　エ あたらしい服を買いたい。

2　傍線部②「太い眉毛を・・・」とあるが、これは凌太のどのような心情を表しているか。最も適切ものを次のア～エから一つ選び、記号で答えなさい。

ア 試合の反省をせず、別の話をしているチームメイトを軽蔑《けいべつ》している。

イ 試合後に人目をはばからず泣いてしまい、恥ずかしさを感じている。

ウ チームメイトの無神経な質問に対し、いらだっている。

エ チームメイトの言葉への返答に困っている。

3　傍線部③「僕は少しだけ・・・」とあるが、僕はなぜ歩く速さをゆるめたのか。最も適切なものを、次のア～エから一つ選び、記号で答えなさい。

ア 凌太の言葉に共感し、深く考えさせられたから。

イ 正論ばかり言う圭佑に、話を振られないようにするため。

ウ 今のままの速度で家まで帰るのはとても疲れると思ったから。

エ チームメイトに感情が高ぶっている姿を見られたくなかったから。

4　□に入る語句として、最も適当なものを次のア～エから一つ選び、記号で答えなさい。

ア 波　イ 頭　ウ 胸　エ 腹

5　本文の内容に合うものを次のア～エから一つ選び、記号で答えなさい。

ア 圭佑が求めるチームには合わないと考え、僕は部活をやめようと思ったが、凌太の説得で、もう少し頑張ろうと決意した。

イ 僕は圭佑の言葉で、忘れかけていたバスケを始めたばかりのころの気持ちが思い起こされた。

ウ 凌太がバスケを続けることを確信したので、僕は凌太と同じ高校を志望することにした。

エ 自分たちのチームに勝ったのに怒られていた相手選手を見て、圭佑は今後もバスケを続けるか悩んだ。

五　次の漢詩を読んで、あとの問いに答えなさい。

故人西ノカタ辞シ二黄鶴楼一ヲ
煙花三月下ル二揚州一ニ
孤帆ノ遠影碧空ニ尽キ
惟ダ見ル長江ノ天際ニ流ルルヲ
（李白）

※故人―古くからの友人
辞し―別れを告げる
煙花《えんくわ》―春がすみ
揚州《やうしう》―中国にある都市
孤帆《こはん》―たったひとつだけ見える舟の帆
碧空《へきくう》―青空
尽き―消え失せる
天際―長江と空の境目（水平線）

1　この漢詩の形式を次のア～エから一つ選び、記号で答えなさい。
ア　五言律詩　　イ　五言絶句　　ウ　七言律詩　　エ　七言絶句

2　傍線部の書き下し文を書きなさい。

3　この漢詩で倒置法が使われている句は第何句か。

4　この漢詩には作者のどのような気持ちがこめられているか。適切なものを次のア～エから一つ選び、記号で答えなさい。
ア　小さな舟が浮かぶ長江の壮大さに感動する気持ち。
イ　親友がここを去り旅立っていくのをさみしく感じる気持ち。
ウ　長江を船で下るのはかなり危険なので心配する気持ち。
エ　親友が望みをかなえてここを去ることができうれしく思う気持ち。

六　新しく留学生としてアメリカから来た友人に、「和食」のすばらしさを伝えることにしました。あなたなら、「和食」のどのようなすばらしさを伝えますか。あるクラスで出された意見を参考にして、あとの〈条件〉に従って書きなさい。

〈条件〉1、原稿用紙には題名や氏名は書かないで、本文だけを縦書きで書くこと。
2、二段落構成にし、第一段落には、和食のどのようなすばらしさを伝えたいか、第二段落にはその理由を書くこと。
3、百六十字以上、二百字以内にまとめて書くこと。
4、原稿用紙の適切な使い方に従って書くこと。

資料　「和食」のすばらしさについて、あるクラスで出された意見

一、見た目が美しい。
二、食材を豊富に用いた料理を食べることができる。
三、四季折々の食材を用いた料理を食べることができる。
四、お正月、桃・端午の節句、お盆などの年中行事に合わせた伝統的な料理がある。
五、日本は国土が細長いので各地で地域に根差した食材を用いた料理を食べることができる。
六、健康にもよく、飽きることがない。

一　次の傍線部の漢字をひらがなに直しなさい。

1　事態を収拾する。　2　新薬の開発に貢献する。

3　草木が繁茂する。　4　気が緩む。

二　次の傍線部のカタカナを漢字に直しなさい。

1　公園をサンサクする。　2　センモン分野の研究をする。

3　計画のコンカンを話す。　4　議論がハクネツする。

三　次の文章を読んで、あとの問いに答えなさい。

人は基本的に「自分の話をほかの人に聞いてほしい生き物」です。Ⅰ

「学校にこんな面白い人がいた。」「授業で発表したらみんなにほめられた。」「①私は将来、どんな職業に就いて、どんな家に住んでいるかな。」など、親や友達に話したいことは山ほどあるはずです。□、相手との会話の流れを無視して、自分の話したいことだけを相手に向かって話すとどうなるでしょうか。

「会話ナルシスト」という言葉を聞いたことがありますか。「会話ナルシスト」を別の表現にすると「会話泥棒」とも言うようです。他の人の話をあまり聞かず、自分の話ばかりをしたり、相手の話を自分の話にすり替えたりする人のことです。Ⅱ

例えば、Aさんが「最近、寝不足なの。」と話すと、Bさんは「私はそんなことないよ。毎晩規則正しく十時には寝るからね。」また、ほかの会話では、Aさんが「昨日のお母さんが作ってくれた夕食がおいしかったから食べ過ぎたかも。」それに対して、Bさんは「うちの夕食はカレーライスだったよ。お母さんは料理が得意なんだよね。今夜のメニューは何かな。」と、このような会話の運び方です。一見、会話が成立しているように聞こえますが、Aさんが話し始めているのに、Bさんは会話を「自分の話」にどちらもすり替えているのです。

そのような会話のパターンが繰り返されてしまうと、AさんはBさんに対して「話してもつまらない。」「どうせ、話をBさんに奪われてしまう。」と感じて②次第にAさんはBさんから離れていくはずです。初めに述べたように、人は「自分の話をほかの人に聞いてほしい生き物」なのです。BさんはAさんの話題にもっと耳を傾ける必要があります。Ⅲ

Aさんが「最近、寝不足なの。」と話しているので、Bさんは「あら、それはどうして。」「寝不足は③つらいよね。」などと返答する方がよいのです。また、「昨日のお母さんが作って……。」と言ったAさんの話題に対して、「どんな夕食だったの。」とBさんが聞き返すと、AさんはBさんに聞いてもらえていると思い、そのあとのAさんとBさんのスムーズな会話の展開もあるはずです。いわゆるBさんのように「私は」「僕は」と話をすり替える人は、相手の話に耳を傾けているようで、自分の話をするチャンスだととらえてしまう「会話ナルシスト」なのです。

よい人間関係は、お互いが心地よく会話のキャッチボールができてこそ成り立つものです。どちらかが話をする人、どちらかは聞くだけの人という関係ではよい人間関係を築くことはできません。「この人と友達になりたい」「また話したい」と思えるような人に巡り合えると、それだけで人は幸せなものです。やはり、そこには「話す」「聞く」の双方の絶妙なバランスが必要なのです。

1　傍線部①「私」の部首名を答えなさい。

2　□に当てはまる接続詞を、次のア～エから一つ選び、記号で答えなさい。

ア　とはいえ　イ　だから　ウ　つまり　エ　または

3　傍線部③「つらい」の品詞を、次のア～エから一つ選び、記号で答えなさい。

ア　動詞　　イ　名詞　　ウ　形容詞　　エ　形容動詞

4　次の文が入る適切な位置を本文中の［Ⅰ］～［Ⅲ］から一つ選び、記号で答えなさい。

> あなたの周りでも心当たりがありませんか。

5　傍線部②「次第に……」とあるが、それはなぜか。次の文の［　　］を十五字以内でうめて、理由を答えなさい。

> Aさんが話し始めているのに、Bさんが［　　　　　］ので、Aさんは Bさんに対して、話してもつまらないと思ってしまうから。

6　本文中の内容に合うものとして適切なものを、次のア～エから一つ選び、記号で答えなさい。

ア　一方的に話をすると、人間関係がくずれるので、相手の話に耳を傾けるだけがよい。

イ　まずは自分の話したいことをすべて話すことで、よい人間関係ができる。

ウ　双方に「話す」「聞く」のバランスのよい会話のキャッチボールができてこそ、よい人間関係を築くことができる。

エ　双方が「聞く人」「話す人」というきっちりとした役割を決めることができれば、お互いによい人間関係ができる。

四　次の文章を読んで、あとの問いに答えなさい。

私たちは、自然のおかげで食べ物や資源を得て生きている。このことを理解している人間は①きっと多くいるだろう。しかし近年、ヒトの役に立つかだとか好きだとかという見方が染みわたっており、それら以外のものはなくてもいいという排除の方向を向いている気がする。ヒトは、森林を農地や住宅地などに変えたり、生活・工業排水を海へと流し、水質汚染を招いたりしてきた。このように、ヒトは環境を操作する能力が非常に高い。そのうえ、近年、人口が爆発的に増えているので、地球の多くの場所がヒトにとって都合がよいように変えられてきた。これまでに多くの種が絶滅してきたが、ここ百年あたりの生物絶滅の速度は、地球の歴史の中で類を見ない速度だという。②ヒトが爆発的に増加していることが、地球という生態系を著《いちじる》しく不安定にしているそうだ。

私たちに身近な生物種とそれ以外の種は無関係に思えるので、人間中心主義に考えてもいいような気もする。では、③ヒトの役に立たない生物種であれば、絶滅しても問題はないのだろうか。

カナダは世界の森林面積の約十%を占める森林の宝庫である。カナダのある森には強度が強く人気のダグラスファーと人気がなく価値が低いアメリカシラカバという二種類の木があった。その森をすべて価値が高いダグラスファーだけにしてしまえばいいのではないかという考えのもと、一つの実験が行われた。

普通、植物は光合成によって栄養を補給する。そこで、ダグラスファーに暗幕をかけ、光合成ができないようにしたのだ。木は他の木などの障害物に邪魔されず、光がたくさんあたるように高く④成長していく。それほどまでに必要な光を遮り、意図的に栄養不足の状態にしたのだ。その結果、ダグラスファーに寄りそっていたアメリカシラカバは、自分が光合成で作り出した栄養を、根っこを通してダグラスファーに分け与えていた。私たちが見ることができる地上では、太陽の光を奪い合うように高く伸びていくが、見えない土の中では、水を求めて下に向かって伸びた根っこの部分でそのようなことが起きているとは簡単には想像できまい。この実験から、森に不必要な木は存在しないというこ

とが証明された。

また、一見ヒトの役に立たなそうに見えるが、ほとんどの生物がまわりまわって私たちの生活に何らかの関係があるということもある。例えば、毛虫が絶滅すると、毛虫をエサにしていた小鳥、その小鳥をエサにしていたキツネが次々と数を減らしていく。その結果、キツネがいることで数が抑えられていたネズミの多量発生につながり、農作物などに被害が及ぶ可能性が生まれる。このように、生物はさまざまな生物とつながりを持っているため、一種の生物の絶滅が全体のバランスを崩してしまうことがある。

どんな生物種でも、一人で生きていくことはできず、必ず生態系の中で生きている。□、生物にとって生態系が崩壊せずに安定して存続することは大切なのである。そのためには、さまざまな生物がいたほうがよい。また、今はヒトの役に立たないと考えられている生物種でも今後役に立つときがくるかもしれない。ヒトの役に立っているかどうかは関係なく、存在そのものに価値があると考え、多様な生物種を存続させていくことが重要だと考える。ヒトの役に立つかどうかという視点でものごとをみるのをやめるべきだろう。その視点は生物多様性の障害でしかないと私は思う。

1 傍線部①「きっと」と同じ品詞の言葉を含む文を、次のア〜エから一つ選び、記号で答えなさい。

ア おそらく明日は雨だろう。　イ きれいな花が咲く。

ウ かわいい子犬を飼う。　エ 大きなおもちゃを買った。

2 傍線部②「ヒトが爆発的に・・・」とあるが、この理由を述べた次の文の□に入る言葉を本文中から十五字で抜き出しなさい。

> 地球上の生物の中で□ヒトが爆発的に増加すると、地球の多くの場所がヒトにとって都合がよいように変化させられ、さまざまな生物が次々と絶滅するから。

3 傍線部③「ヒトの役に立たない・・・」とあるが、このことについて、筆者はどのように考えているか。最も適当なものを、次のア〜エから一つ選び、記号で答えなさい。

ア 人類に役立つ生物種の絶滅さえ回避できればよい。

イ 人類の役に立たない生物種ははやめに絶滅させたほうがよい。

ウ すべての生物種を条約で保護する必要がある。

エ 多様な生物種の絶滅を回避しなければならない。

4 傍線部④「成長」について、木の成長について述べた次の文の（ i ）（ ii ）にあてはまる語句を、本文中から抜き出しなさい。

> 木は（ i ）を求めて上に高く伸びていくが、根は（ ii ）を求めて下に伸びる。

5 □に入る言葉として適切なものを、次のア〜エから一つ選び、記号で答えなさい。

ア しかし　イ だから　ウ あるいは　エ なぜなら

6 この文章の構成・展開を説明した文として最も適切なものを、次のア〜エから一つ選び、記号で答えなさい。

ア 身近な生物種のみを保護することについて、意見と意見を対比して考察を述べている。

イ 生物種の保全について、疑問を想定して客観的事実と主張を述べている。

ウ 生物種絶滅の回避について、実験を引用して疑問を述べている。

エ 生物多様性を守ることについての多様な見解のあり方を認めつつ、反対意見を述べている。

五　次の文章を読んで、あとの問いに答えなさい。

孝道入道《かうだうにふだう》、仁和寺《にんなじ》の家にて（自分の家で）或人《ある》と双六《すごろく》をうちけるを、（打っていたのに）隣《となり》にある（隣に住んでいる）越前房《ゑちぜんばう》と①いふ僧ありて、見所《けんじょ》すとて、（勝ち負けの判定をするといって）様々のさかしらをしけるを、（余計な口出しをするのを）にくしにくしと思ひけれども、物もいはで（何もいわずに）うちゐたりけるに、この僧さかしらしさして（を途中でやめて）立ちぬ。②かへりぬと思ひて、亭主、「この越前房は③よき程の者かな。」といひたりけるに、かの僧いまだ帰らで、亭主のうしろに立ちたりけり。かたき、また物いはせじとて、④亭主のひざをつきたりければ、うしろへ見むきて⑤見れば、この僧いまだありけり。この時とりもあへず、「越前房は高くもなし。低くもなし。⑥よき程の者な。」と⑦いひなほしたりける、心はやさ、⑧いとをかしかりけり。

（『古今著聞集』）

1　二重傍線部①・⑦を現代仮名遣いに改めて、ひらがなで書きなさい。

2　傍線部②・⑤の主語の組み合わせとして適切なものを、次のア～エから一つ選び、記号で答えなさい。

ア　②　越前房　⑤　或人
イ　②　越前房　⑤　孝道入道
ウ　②　孝道入道　⑤　或人
エ　②　孝道入道　⑤　越前房

3　傍線部③・⑥のそれぞれの「よき程の者」の意味の組み合わせとして適切なものを、次のア～エから一つ選び、記号で答えなさい。

ア　③　ふるまいが良い人　⑥　ちょうどよい人
イ　③　ふるまいが良い人　⑥　どうしようもない人
ウ　③　いい加減な人　⑥　ちょうどよい人
エ　③　いい加減な人　⑥　どうしようもない人

4　傍線部④の動作の説明として適切なものを、次のア、イから選び、記号で答えなさい。

ア　孝道入道が或人に非難めいたことを言わせないようにするための動作。
イ　或人が孝道入道に非難めいたことを言わせないようにするための動作。

5　傍線部⑧は、何について「とてもおもしろい」と言っているのか、適切なものを、次のア～エから一つ選び、記号で答えなさい。

ア　自分の言葉で相手が傷ついたと気づき、あわてふためいたこと。
イ　自分の言葉の意味を相手が誤解したと気づき、詳しく説明したこと。
ウ　皮肉を言われたことに対して、それ以上の皮肉を相手に言ったこと。
エ　悪口を本人に聞かれてしまったが、同じ言葉を使いうまくはぐらかしたこと。

六　クラスで「手紙を書くことの良さ」について、意見を出し合うことになりました。次の四人の【意見】とみんなの意見をまとめた資料を読んで、あとの問いに答えなさい。

山下さん　私は、遠くに住んでいるおばあちゃんに時々手紙を書きます。おばあちゃんは携帯電話を持っていないし、手紙で勉強のことや部活のことや友達のことをいろいろ書くたびに喜んでくれます。

田中さん　私はアメリカに引っ越した友達と毎月文通をしています。日々のちょっとした出来事や感じたことはメールでも頻繁にやりとりしています。でも、月に一度の手紙では、アメリカでの友達のことや家族のことなどが詳しくイラスト入りで書かれていてとても楽しみにしています。

林田くん　ぼくも、小学校のときのなかの良かった友達とときどき手紙のやり取りをしています。最近はお互いにメールも出せるようになったけど、手紙のやりとりも続けています。手紙を書くときは丁寧に文字を書くように気をつけています。それに、友達から手書きの手紙をもらう方がメールよりあたたかみを感じるから好きです。

久保くん　ぼくは、何年もだれにも手紙を出していないです。ほとんどはメールや電話でのやりとりです。手紙より返事もはやく返ってくるし、便利なので、手紙の必要性を感じていないです。

1　書く　の活用の種類を、次のア〜エから一つ選び、記号で答えなさい。

ア　五段活用　　イ　上一段活用　　ウ　下一段活用　　エ　カ行変格活用

2　なか　と　あたたかみ　の正しい漢字の組み合わせを、次のア〜エから一つ選び、記号で答えなさい。

ア　仲　温かみ　　イ　中　温かみ

ウ　仲　暖かみ　　エ　中　暖かみ

3　次の文は四人のうち、だれの会話か、次のア〜エから一つ選び、記号で答えなさい。

> でも、みんなの話を聞いていると、だれかに手紙を書いてみたくなりました。

ア　山下さん　　イ　田中くん　　ウ　林田くん　　エ　久保くん

4　「手紙を書くことの良さ」について、あなたの意見を、四人の【意見】とクラスみんなの意見をまとめた資料を参考に、あとの＜条件＞に従って書きなさい。

＜条件＞　1、原稿用紙には題名や氏名は書かないで、本文だけを縦書きで書くこと。

2、百六十字以上、二百字以内にまとめて書くこと。

3、原稿用紙の適切な使い方に従って書くこと。

資料　「手紙を書くことの良さ」についてのクラスの意見のまとめ

1　相手に気持ちが伝わりやすい。

2　手元に思い出として残せる。

3　手書きで書かれた文章はあたたかく感じる。

4　便せんや封筒や切手を選ぶのが楽しい。

5　手紙に自由にイラストを描いたり写真を添えたりでき、書いていて楽しい。

4　次の１，２の問いに答えなさい。

図 12

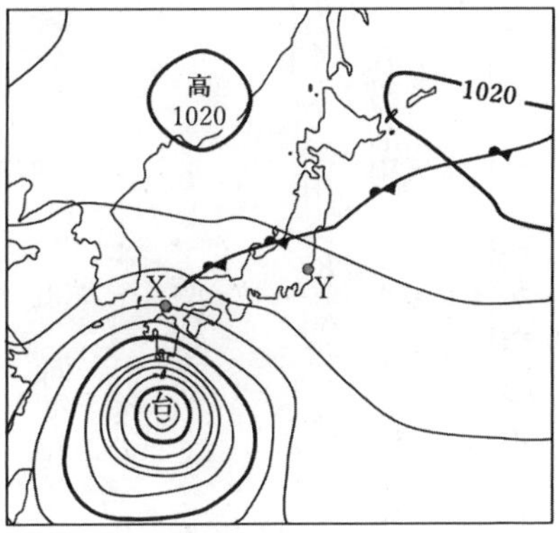

1　図 12 はある年の９月に台風が接近したときの天気図である。これについて，あとの問いに答えなさい。

（１）図 12 の X 地点における気圧は何 hPa か。

（２）図 13 は図 12 の Y 地点での気象情報を表したものである。このときの天気，風向，風力をそれぞれ書きなさい。

図 13

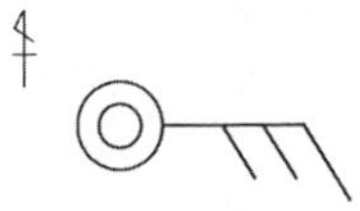

（３）この台風の地表付近での風のふき方を模式的に表したものとして，適切なものを次のア～エから１つ選び，記号で書きなさい。

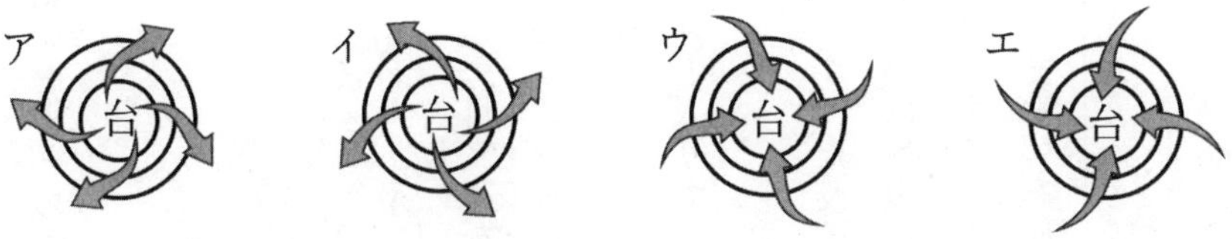

（４）図 12 の時期の台風の進路ついて説明した下の文の（　）内に入る適切な語句をそれぞれ選び，書きなさい。

> 夏に比べて勢力が①(強まった/弱まった)小笠原気団のふちに沿うように日本列島付近まで北上し，その後②(季節風/偏西風)に流されて東寄りに進路を変える傾向がある。

図 14

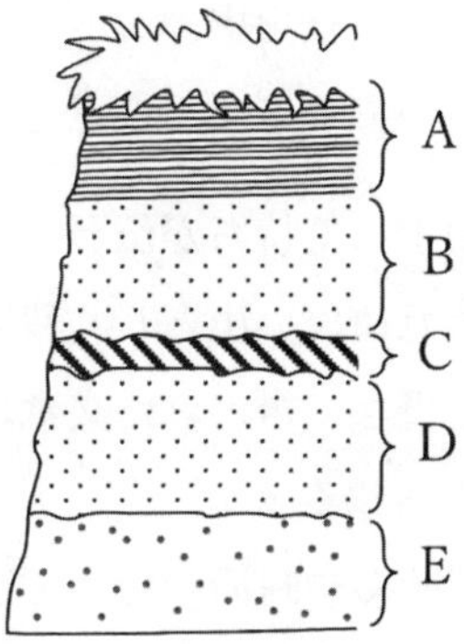

2　図 14 は地層の観察を行い，作成した模式図である。近くで観察すると，A はサンヨウチュウの化石をふくむ泥岩の層，B, D は砂岩の層で，ふくまれる粒の形は①丸みを帯びていた。C は②火山灰がおし固まってできた層で,E はれき岩の層であった。この地層では，しゅう曲や断層は見られなかった。これについて，あとの問いに答えなさい。

（１）図 13 の A～E のうち，最も古い地層はどれか，記号で書きなさい。

（２）A の層にふくまれていたサンヨウチュウについて説明した下の文の（　）内に入る適切な語句をそれぞれ選び，書きなさい。

> A の層からサンヨウチュウの化石が見つかったことにより，この層は a(古生代/中生代/新生代)に堆積したと推定できる。このように，地質年代を知る手がかりとなる化石を b(示相/示準)化石という。

（３）砂岩にふくまれる粒の形が，下線部①のようになっていた理由を簡単に書きなさい。

（４）下線部②のような岩石を何というか。

解答例　英語－1

1	A 1 イ　2 ア　3 ウ　B 1 イ　2 ウ　3 エ　4 イ C 1 イ　2 エ　3 ウ
2	A 1 wants　2 cars　3 Where　4 reading　5 watching　6 must B ① biggest　② popular　③ July　④ after
3	1 Yes, she does.　2 ① ウ　② エ 3 ㋐ are as tall as my mother　㋑ will be more beautiful if you wear it　4 ウ、エ
4	1 （解答例）① 冬休みの間に行った。　② バスで行った。　2 ㋐ rules　㋑ borrowed 3（解答例）もしイチゴがまだ緑なら、私たちはそれらをつんではいけません。　4 イ　5 ウ
5	1（解答例）① Great musicians and musical writers do.　② Yes, they do. 2 A ウ　B ア　3 ㋒ 4（解答例）ⓐ I visited Eriko's house to watch(see) it.　ⓑ I am going to watch *My Fair Lady* with Eriko next Sunday. (I will watch…も正解)　5 ウ

対訳 【リスニング問題】

1 － A

	【英文】	【対訳】
1	People use it to listen to music.　Which picture shows it?	人々は音楽を聴くためにそれを使います。どの絵がそれを示していますか。
2	Ken usually practices soccer on Sundays.　But it was rainy last Sunday.　So, he played a video game at home.　What did Ken do last Sunday?	ケンはふつう日曜日にサッカーを練習します。しかし、先週の日曜日は雨でした。だから、彼は家でテレビゲームをしました。ケンは先週の日曜日に何をしましたか。
3	Nancy has two sisters, Janet and Linda.　Linda is the tallest of the three.　Nancy is as tall as Janet.　Which picture shows Nancy and her sisters?	ナンシーは２人の姉（妹）のジャネットとリンダがいます。リンダは３人の中でいちばん身長が高いです。ナンシーはジャネットと同じくらい背が高いです。どの絵がナンシーと彼女の姉（妹）を示していますか。

1 － B

	【英文】	【対訳】
1	Nancy : Hi, Ken.　Did you finish the math homework? Ken : Hi, Nancy.　No.　I will do it today. Nancy : It is very difficult for me.　Can you help me? Ken : Yes, of course. 質問 : Did Ken finish the math homework?	ナンシー：やあ、ケン。あなたは数学の宿題を終えましたか。 ケン：やあ、ナンシー。いいえ。私は今日それをするつもりです。 ナンシー：それは私にとってとても難しいです。私を手伝ってくれますか。 ケン：はい、もちろんです。 質問：ケンは数学の宿題を終えましたか。
2	Yumi : Oh, it's too hot outside. Mike : Yeah.　We should stop playing tennis. Yumi : I want to drink something. Mike : Me, too.　Let's go to the café. 質問 : What were they doing outside?	ユミ：ああ、外はあまりに暑すぎます。 マイク：ええ。私たちはテニスをすることをやめるべきです。 ユミ：私は何か飲みたいです。 マイク：私もです。カフェに行きましょう。 質問：彼らは外で何をしていましたか。

3 Ken : Happy birthday, Nancy.

Nancy : Thank you for coming to my birthday party, Ken.

Ken : This is a present for you.

Nancy : Wow, it's a nice cap. Thank you, Ken.

質問 : What was the birthday present from Ken ?

ケン : お誕生日おめでとう、ナンシー。

ナンシー : 私の誕生日パーティに来てくれてありがとう、ケン。

ケン : これはあなたへのプレゼントです。

ナンシー : わあ、それはよい帽子です。ありがとう、ケン。

質問 : ケンからの誕生日プレゼントは何でしたか。

4 Mike : Wow, there are a lot of books here.

Yumi : Yes. I often come here to borrow books.

Mike : I want to try to read a Japanese book.

Yumi : That's good. I will find the best Japanese book for you.

質問 : Where are they now ?

マイク : わあ、ここにはたくさんの本があります。

ユミ : はい。私はよくここに本を借りに来ます。

マイク : 私は日本の本を読んでみたいです。

ユミ : いいですね。私はあなたにとっていちばんよい日本の本を見つけます。

質問 : 彼らは今どこにいますか。

1 － C

【英文】

Hello, everyone. My name is Andy. I am from Canada. I love fishing. When I was in Canada, I often went fishing with my father. Last Sunday, I went fishing in a river with my host brother, Shin. We went to the station at 5:00 in the morning. We went to the river by train. The river was very beautiful and the water was clean. We really enjoyed fishing in the beautiful nature. We were very excited because we caught many fish. In the evening, we went home. My host mother cooked the fish for us. It was delicious. I made a lot of good memories that day.

質問 1: How did they go to the river ?

質問 2: Why were they very excited ?

質問 3: Where did they eat the fish ?

【対訳】

こんにちは、みなさん。私の名前はアンディです。私はカナダ出身です。私はつりが大好きです。私がカナダにいた時、私はよく父とつりに行きました。先週の日曜日に、私はホストブラザーのシンと川につりに行きました。私たちは朝の5時に駅に行きました。私たちはその川に電車で行きました。その川はとても美しく、その水はきれいでした。私たちは美しい自然のなかで、つりをすることを本当に楽しみました。たくさんの魚をとったので、私たちはとてもわくわくしました。夕方、私たちは家に帰りました。私のホストマザーは私たちのために魚を料理してくれました。それはとてもおいしかったです。私はその日、たくさんのよい思い出を作りました。

質問 1: 彼らはどのようにして川に行きましたか。

質問 2: 彼らはなぜとてもわくわくしましたか。

質問 3: 彼らはどこで魚を食べましたか。

対訳 【リーディング問題】

2 － B

ジョニー : わあ。このレストランは大きいです。

リュウジ : はい。それはこの町で①(いちばん大きい)です。

ジョニー : あなたはよくここへ来ますか。

リュウジ : はい。私はよく私の家族といっしょにここに来ます。メニューを見ましょう。

ジョニー : ええと、私は何を食べるべきですか。

リュウジ : カレーライスがいちばん②(人気があります)。

ジョニー : あなたはカレーライスを食べるつもりですか。

リュウジ : 私は昨夜カレーライスを食べました。私はスペシャルサンドイッチを食べるつもりです。

それは③(7月)の特別メニューです。

ジョニー ：私もスペシャルサンドイッチを食べます。

リュウジ ：私たちは昼食の④(後に)アイスクリームを食べることができます。

ジョニー ：ええ。私はアイスクリームが大好きです。

3

リンダ：何時に花火は始まりますか。

アケミ：それらは6時に始まります。だから、私たちは5時までに家を出発しなければなりません。

リンダ：今は4時です。私たちはまだ時間があります。

アケミ：ええ。ねえリンダ、これを見てください。

リンダ：なんて美しい浴衣《ゆかた》でしょう！ それは①あなたのものですか。

アケミ：いいえ。これは私の母の浴衣《ゆかた》です。

リンダ：あなたはそれを着るつもりですか。

アケミ：いいえ。私は私の浴衣《ゆかた》を持っています。私はあなたのために彼女からそれを借りました。
㋐【あなたは私の母と同じくらいの身長】なので、あなたはそれを着ることができます。今日、この浴衣《ゆかた》を着てみたらどうですか。

リンダ：本当ですか。私はそれを着たいです。ありがとうございます。

アケミ：㋑【もしあなたがそれを着ると、あなたはもっと美しくなるでしょう。】

リンダ：私はとてもわくわくします。私はあなたとたくさんの写真を撮りたいです。

アケミ ：②私もです。 あなたはアメリカのあなたの家族にその写真を見せるべきです。

4

私は冬休みの間に家族とイチゴ狩りを楽しみました。私はフルーツが好きです。私はイチゴがいちばん好きです。私の姉（妹）もイチゴが好きです。だから、私たちはたくさんのイチゴを食べてとても幸せでした。今日、私はそれについてあなたたちに話します。

私たちはバスでイチゴ農園に行きました。 バスの中で、私は私の姉（妹）に言いました。「私はとてもわくわくします。あなたはいくつイチゴを食べたいですか。」彼女は私に言いました。「私はイチゴを100個以上食べたいです。」

私たちがイチゴをつみ始める前に、イチゴ農園の男性がイチゴ狩りの 2 つの㋐(ルール)を私たちに教えてくれました。1つ目に、私たちは1時間を過ぎたらイチゴをつむことをやめなければなりません。2つ目に、もしイチゴがまだ緑色なら、私たちはそれらをつんではいけません。 私たちはハサミとカゴを㋑(借りました)。それから、私たちはイチゴをつみ始めました。

1時間後、私たちはイチゴをつむことを終えました。私の姉（妹）と私はおたがいに私たちのイチゴを見せました。私たちの母は私たちにたずねました。「あなたたちはイチゴをいくつつみましたか。」 私は答えました。「私は 25 個のイチゴをつみました。」私の姉（妹）もまた答えました。「私は 36 個のイチゴをつみました。」私の姉（妹）は笑って私に言いました。「私はあなたより多くイチゴをつみました。」

それから、私たちは農園でイチゴを食べました。それらは甘くてとてもおいしかったです。私は来年再び家族とイチゴ狩りに行きたいです。

5　私はミュージカルを見ることが好きです。私はあなたたちがよく映画を見ると思います。ミュージカルを見てみませんか。私はあなたたちがそれらを楽しむことができると確信しています。今日、私はミュージカルについて３つのよいことをあなたたちに話します。

１つ目に、ミュージカルの歌はとてもよいです。私は、歌はミュージカルにとってＡいちばん重要だと思います。それらはよいメロディーを持っていなくてはなりません。さらに、人々は歌を通してミュージカルのストーリーをＢ理解することができます。だから、すばらしい音楽家とミュージカル作家が最高のミュージカルの歌を作るためにいっしょに働きます。

２つ目に、ミュージカル俳優はすばらしいです。彼らは人々の前で演じます。これは映画俳優と違います。もし映画俳優がミスをしたら、彼らはやり直すことができます。しかしながら、ミュージカル俳優は舞台の上でミスをしてはいけません。彼らは彼らの完ぺきな演技を見せるためにとても一生懸命練習します。だから、彼らの歌とおどりはすばらしいです。

３つ目に、ストーリーがとてもおもしろいです。マイフェアレディを知っていますか。それは貧しい少女のストーリーです。たくさんの経験によって、彼女は優雅なレディへと変わっていきます。そのミュージカルはとても古いです。それは1956年に初めて演じられました。㋒(しかしながら、それはまだ世界中で人気です。)

私はあなたたちがミュージカルに興味をもつことを望みます。もしあなたたちがミュージカルを見たければ、どうぞ私に言ってください。私はあなたたちのために最もよいミュージカルを見つけます。

＜ヒトミの感想文＞

エリコのスピーチの後、私はミュージカルに興味があります。私は彼女にそのことについて言いました。彼女は彼女が新しいミュージカルのDVDを買ったと言いました。ⓐ私はそれを見るためにエリコの家を訪れました。そのミュージカルの歌はとてもよかったです。今私はミュージカルの大ファンです。ⓑ今度の日曜日に、私はエリコとマイフェアレディを見るつもりです。

1　A 1 ウ　2 ア　3 ウ　B 1 イ　2 エ　3 エ　4 ア

C ① oldest　② pictures　③ near　④(解答例) can drink Japanese tea.

2　A 1 イ　2 ア　3 ウ　4 エ

B (解答例) ① I want to enjoy singing songs.　② Because children like singing.

3　1 ① イ　② ウ　2 (解答例) 私は 9 歳のときにギターをひくことを始めました。

3 ㋐ Because my father often played the guitar at home　㋑ I like Japanese traditional music better than J-pop

4 イ、エ

4　1 ① She is ten years old.　② She bought milk, cheese, and eggs.　2 ㋐ held　㋑ went

3 私は母からとてもおいしいケーキの作り方を学びました。　4 ウ　5 ウ

5　1 (解答例) ① Yes, she is.　② It is the number of young people.(The number of young people is.)

2 オ　3 ウ　4 (解答例)十分な働き手を見つけることができないこと。　5 エ

対訳 【リスニング問題】

1 － A

	【英文】	【対訳】
1	Nancy : The elephant was so big.	ﾅﾝｼｰ : 象はとても大きかったです。
	Ken : Yeah. And the lions were very cool.	ｹﾝ : ええ。そしてライオンはとてもかっこよかったです。
	Nancy : Let’s see monkeys after lunch.	ﾅﾝｼｰ : 昼食の後にサルを見ましょう。
	Ken : All right.	ｹﾝ : わかりました。
	質問 : Where are they now ?	質問 : 彼らは今どこにいますか。
2	Nancy : Oh, the bookstore is not open yet.	ﾅﾝｼｰ : ああ、その本屋はまだ開いていません。
	Ken : It will be open at 10:00 a.m.	ｹﾝ : それは午前 10 時に開きます。
	Nancy : We have to wait for fifteen minutes.	ﾅﾝｼｰ : 私たちは 15 分待たなくてはなりません。
	Ken : All right. Let’s wait here.	ｹﾝ : わかりました。ここで待ちましょう。
	質問 : What time is it now ?	質問 : 今何時ですか。
3	Ken : The swimming class was fun.	ｹﾝ : 水泳の授業は楽しかったです。
	Nancy : Yeah. But I’m hungry.	ﾅﾝｼｰ : ええ。でも私は空腹です。
	Ken : Me, too. We can have lunch after the next class.	ｹﾝ : 私もです。私たちは次の授業の後に昼食をとることができます。
	Nancy : Oh, we don’t have time. Let’s go to the science room.	ﾅﾝｼｰ : ああ、私たちは時間がありません。理科室に行きましょう。
	質問 : What day is it today ?	質問 : 今日は何曜日ですか。

1 － B

		【英文】		【対訳】
1	Mike	: Which season do you like the best ?	マイク	：あなたはどの季節がいちばん好きですか。
	Yumi	: I like spring the best.　How about you ?	ユミ	：私は春がいちばん好きです。あなたはどうですか。
	Chime	: [I like summer the best.]	チャイム	：[私は夏がいちばん好きです。]
2	Yumi	: Mike, please come here.	ユミ	：マイク、どうぞこちらに来てください。
	Mike	: All right.	マイク	：わかりました。
	Yumi	: Can you carry this box ?　It's too heavy for me.	ユミ	：この箱を運んでもらえますか。それは私にとってあまりに重すぎます。
	Chime	: [No problem.]	チャイム	：[いいですよ。]
3	Woman	: May I help you ?	女性	：いらっしゃいませ。
	Mike	: I would like two hamburgers.	マイク	：ハンバーガーを２つほしいです。
	Woman	: Would you like something to drink ?	女性	：何か飲むものはいかがですか。
	Chime	: [No, thank you.]	チャイム	：[いいえ、けっこうです。]
4	Mike	: I called you last night.	マイク	：私は昨夜あなたに電話しました。
	Yumi	: Really ?　I didn't hear it.　What time did you call me ?	ユミ	：本当ですか。私はそれが聞こえませんでした。あなたは何時に私に電話しましたか。
	Mike	: I called you at eight.　What were you doing then ?	マイク	：私は８時にあなたに電話しました。あなたはそのとき何をしていましたか。
	Chime	: [I was cooking dinner.]	チャイム	：[私は夕食を作っていました。]

1 － C

【英文】

Brenda came to Japan this April.　We became good friends.　She is interested in Japanese traditional culture. Last Sunday, we visited a shrine.　The shrine is the oldest in the town.　It is a very popular place.　There were many people at the shrine that day.　Brenda said, "What a beautiful shrine !"　She took a lot of pictures of the shrine.　Then we tried *Omikuji*.　Brenda got a *Daikichi*. She looked very happy.　After that, we went to a café near the shrine.　The café is my favorite place.　People can drink Japanese tea in the café.　We drank Japanese tea and enjoyed talking.　We had a very good time.

【質問】What can people drink in the café ?

【対訳】

ブレンダは今年の４月に日本に来ました。私たちはよい友達になりました。彼女は日本の伝統文化に興味があります。先週の日曜日に、私たちは神社を訪れました。その神社は町でいちばん古いです。それはとても人気がある場所です。その日神社にはたくさんの人々がいました。ブレンダは言いました。「なんて美しい神社でしょう！」彼女は神社の写真をたくさん撮りました。それから、私たちはおみくじをしてみました。ブレンダは大吉をひきました。彼女はとても幸せそうに見えました。その後、私たちは神社の近くのカフェに行きました。そのカフェは私のお気に入りの場所です。人々はそのカフェで日本茶を飲むことができます。私たちは日本茶を飲んで、話をして楽しみました。私たちはとてもよい時を過ごしました。

【質問】人々はそのカフェで何を飲むことができますか。

対訳 【リーディング問題】

2 −A

1 A：あなたはスポーツが好きですか。
B：はい、私はスポーツがとても好きです。
A：あなたは(何の)スポーツがいちばん好きですか。
B：私は野球がいちばん好きです。

2 A：外は雨です。
B：あなたはどのように学校に来ましたか。
A：私はバス(で)学校に来ました。

3 A：夏休みは来週始まります。
B：私はとてもわくわくします。
A：ええ。私は夏休みの間に熊本を訪れるつもりです。　※be going to=…するつもりです。
B：いいですね。どうぞ楽しんでください。

4 A：ユミはどこですか。
B：彼女は家に帰りました。
A：彼女はいつも早く家に帰ります。なぜですか。
B：なぜなら彼女はピアノを練習(しなくてはならない)からです。

2 −B

シン　　：次の木曜日に私たちはボランティア活動をするために小学校を訪れる予定です。
ジョニー：私たちは何をする予定ですか。
シン　　：私たちは外でサッカーをする予定です。しかし、もし雨なら、私たちは教室で何かをする予定です。
ジョニー：私たちは教室で何をする予定ですか。
シン　　：ええと、私はそれについてまだ考えています。あなたは何がしたいですか。
ジョニー：①[(解答例)私は歌を歌うことを楽しみたいです。]
シン　　：あなたはなぜそれをしたいのですか。
ジョニー：②[(解答例)なぜなら子供たちは歌うことが好きだからです。]
シン　　：ありがとう。

3

シン　：ジミー、あなたはとてもじょうずにギターをひくことができます。
ジミー：ありがとう。
シン　：あなたはいつギターをひくことを始めましたか。
ジミー：私は9歳のときにギターをひくことを始めました。
シン　：あなたはなぜギターをひき始めることを決めたのですか。
ジミー：㋐【なぜなら私の父が家でよくギターをひいていたからです。】彼は古いロック音楽をひきました。私はそれがかっこいいと思いました。
シン　：なるほど。あなたは古いロック音楽をひくことができますか。
ジミー：①はい、できます。しかし私は今、日本の音楽に興味があります。
シン　：あなたはJポップが好きですか。
ジミー：はい、しかしそれは日本の伝統音楽という意味です。㋑【私はJポップよりも日本の伝統音楽が好きです。】
シン　：私はそれを聞いて驚きました。
ジミー：私は三味線の音がとてもかっこいいと思います。私は私の父に三味線を買ってくれるように頼みました。彼は「はい」と言いました。
シン　：すばらしいですね。あなたたちはいつ三味線を買うつもりですか。
ジミー：②私の誕生日に。　私はそれを楽しみに待っています。

4　今年の4月に、私は勉強するためにイギリスから日本に来ました。私は日本の生活を楽しんでいます。私はホストシスターがいます。彼女の名前はサキです。彼女は小学生です。今年の8月に、彼女は10歳になりました。私たちは彼女のために誕生日パーティを㋐開きました。今日、私はそのことについてあなたたちに話します。

私はサキを幸せにしたかったです。だから、私は彼女のお母さんにたずねました。「私はサキの誕生日に、サキのために何かしたいです。彼女は何が好きですか。」彼女は答えました。「ええと、サキはケーキが好きです。私は彼女のためにあなたに誕生日ケーキを作ってほしいです。」私はイギリスにいたときによくケーキを作りました。私は、私の母からとてもおいしいケーキの作り方を学びました。私は言いました。「もちろんです。私は彼女のために特別なケーキを作るつもりです。」

それから、私はサキといっしょにスーパーマーケットに㋑行きました。彼女は私にたずねました。「あなたはどんな種類のケーキを作ることができますか。」私は答えました。「私はたくさんの種類のケーキを作ることができます。例えば、私はチョコレートケーキや、ショートケーキや、フルーツケーキを作ることができます。」彼女は言いました。「チーズケーキはどうですか。私はチーズケーキがいちばん好きです。」私は答えました。「私はそれを作ることができます。チーズケーキを作りましょう。」それから私はチーズケーキを作るためにミルクとチーズと卵を買いました。

サキの誕生日に、私はチーズケーキを作りました。サキの友達が彼女の誕生日パーティに来ました。私たちはいっしょにチーズケーキを食べました。みんながそのケーキはとてもおいしいと言いました。サキは笑って言いました。「このチーズケーキは世界でいちばんおいしいです。」私は彼女の笑顔を見てとても幸せでした。

パーティの後で、サキは私に言いました。「どうぞ私にチーズケーキの作り方を教えてください。」私たちは次の日曜日にいっしょにチーズケーキを作るつもりです。

5　私の祖母は64歳です。彼女は健康で元気です。彼女はまだ週に3日、看護師Aとして働いています。日本では、お年寄りの数が増えています。しかし、若者の数は減っています。だから、日本は十分な働き手がいません。それは大きな問題です。私たちはそれを解決するために何をするべきでしょうか。今日、私はあなたたちに私の3つの考えについて話します。

1つ目に、私たちはロボットを使うべきです。ロボットはまだ人々のように働くことはできません。しかし、もしロボットが人々のように働くことができれば、日本はたくさんの働き手を必要としないでしょう。私は日本は早くロボットを開発するべきだと思います。

2つ目に、私はお年寄りはもっと働くべきだと思います。たくさんのお年寄りは健康で元気です。しかし、彼らはよくB働くことを辞めます。私は彼らは私の祖母のように働くことができると思います。ウ(彼らはたくさんの技術と経験があります。)　若者は彼らから学ぶことができます。もしお年寄りと若者がいっしょに働けば、日本はもっとよくなるでしょう。

3つ目に、私たちは人々の働き方を変えるべきです。いくつかの仕事はとてもきついです。例えば、コンビニエンスストアはいつも開いています。何人かの働き手は夜から朝まで働きます。いくつかのお店は十分な働き手を見つけることができません。このために、そのような店は閉店します。私はコンビニエンスストアはいつも開けておくべきではないと思います。そうするともっとたくさんの人々がそこで働きます。これはお店と働き手の両方にとってよいことです。

これらは私の考えです。私はこれらが十分でないと知っています。私は、将来この問題を解決するために、たくさんのことを学び続けます。

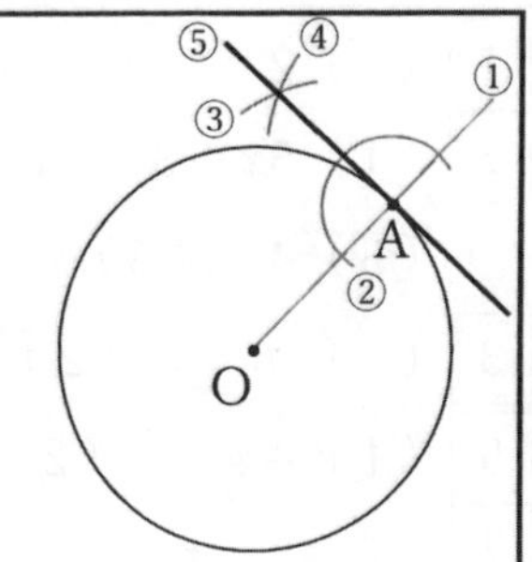

1 （1）5　（2）$3x+7$　（3）-1　（4）$\frac{a-7}{12}$　（5）$16xy^2$

2 （1）エ　（2）$x=5$　（3）$\frac{1}{4}a^2\,\mathrm{cm}^2$　（4）$y=-\frac{15}{x}$

（5）81度　（6）0.35　（7）$\frac{2}{5}$　（8）右図

3 （1）辺 BE, 辺 DE, 辺 EF　（2）6倍

4 プリン1個の値段を x 円，シュークリーム1個の値段を y 円とすると，

$\begin{cases} 4x+6y=1210 & \cdots① \\ 6x+5y=1355 & \cdots② \end{cases}$　①× 3，②× 2 をすると，$\begin{cases} 12x+18y=3630 & \cdots③ \\ 12x+10y=2710 & \cdots④ \end{cases}$

③－④をすると，$y=115$

これを①に代入すると，$4x+6\times115=1210$

$4x=1210-690$　$4x=520$　$x=130$

答 $\begin{cases} \text{プリン} & 130\text{円} \\ \text{シュークリーム} & 115\text{円} \end{cases}$

5 （1）6時50分　（2）21 km　（3）$y=-\frac{3}{5}x+45$　（4）9 km

6 （1）90度　（2）5π cm　（3）$16\pi\,\mathrm{cm}^2$

7 （1）ア 錯角　イ ∠EAD　ウ 2組の辺とその間の角が，それぞれ等しい　（2）56度

解説

1 （1）$2+3$　（2）$18x\div6+42\div6$　（3）$5-2\times3=5-6$　（4）$\frac{3(3a-1)-4(2a+1)}{12}$　（5）$\frac{12x^2y\times4xy}{3x^2}$

2 （1）それぞれの絶対値は，ア：3　イ：5　ウ：$\frac{9}{4}$（2.25）　エ：2.1

（2）$6x-2=4\times7$　$6x=28+2$　$6x=30$

（3）正方形は辺が4つあるので，周の長さが $2a$ cm ということは，

1辺の長さは $2a\div4=\frac{1}{2}a$(cm)　よって，面積は $\frac{1}{2}a\times\frac{1}{2}a$ (cm²)

（4）反比例の式より，求める式は $y=\frac{a}{x}$　これに $x=3$，$y=-5$ を代入して求める。

（5）

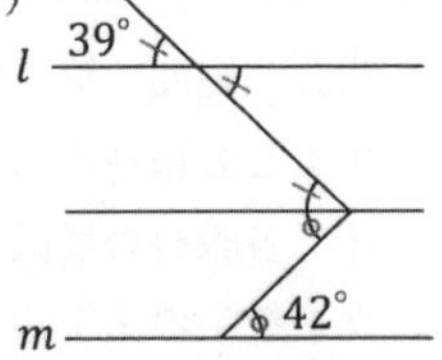

（5）対頂角が等しいこと，平行線の錯角が等しいことを利用して，$\angle x=42°+39°=81°$

（6）$7\div20$

（7）赤玉を(赤)1，(赤)2，白玉を(白)1，(白)2，(白)3 とすると，

取り出し方は右のようになる。よって，$\frac{4}{10}=\frac{2}{5}$

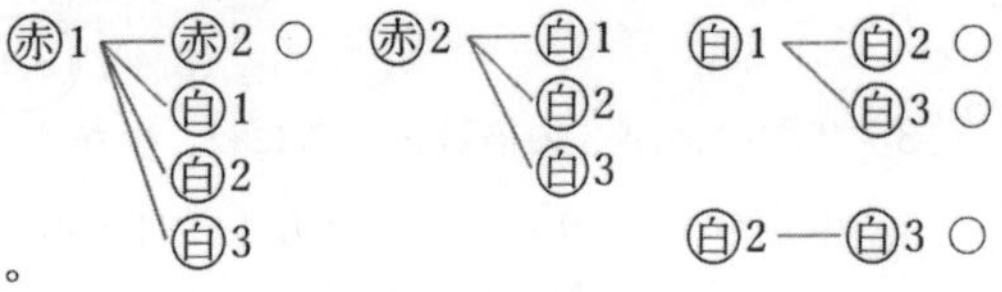

（8）半直線 OA をひき，点 A を通り半直線 OA に対する垂線をひく。

3 （1）空間内の2直線が，平行でなく，交わらないとき，その2直線はねじれの位置にあるという。

（2）三角柱 X の体積は，(底面積)×(高さ) より，$\frac{1}{2}\times3\times8\times8=96$ (cm³)

三角錐 Y の体積は，$\frac{1}{3}\times$(底面積)×(高さ) より，$\frac{1}{3}\times\frac{1}{2}\times3\times8\times4=16$ (cm³)

よって，(三角柱 X の体積)÷(三角錐 Y の体積)＝96÷16＝6(倍)

5 （1）5時30分＋35分＋5分＋35分＋5分＝6時50分

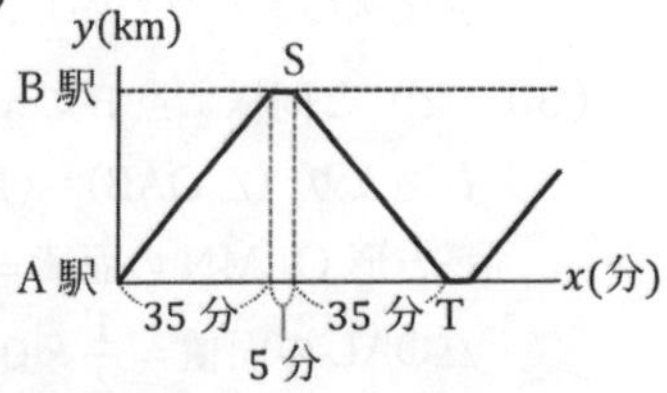

（2）問題文より，分速 600m で 35 分移動すると B 駅に到着するので，

$600\times35=21000$(m)$=21$(km)

（3）右図の直線 ST を求めればよい。S の座標は（2）より，S(40,21)　T の座標は T(75,0)

よって求める式は，$21=40a+b$ ... ① と $0=75a+b$ ... ② の連立方程式を解けばよい。

①－②をすると，$21=-35a$ より，$a=-\frac{3}{5}$　これを②に代入して，$b=45$　よって，$y=-\frac{3}{5}x+45$

（4）（3）の式に $x=60$ を代入して，$y=-\frac{3}{5}\times60+45=-3\times12+45=-36+45=9$(km)

6 （2）点 A が動いた長さは，おうぎ形 CAA′の $\overset{\frown}{AA'}$ の長さである。よって，$2\pi\times10\times\frac{90}{360}=5\pi$(cm)

（3）求める面積＝(△ABC＋おうぎ形 CAA′)－(△A′B′C＋おうぎ形 CBB′)　△ABC≡△A′B′C より，

おうぎ形 CAA′－おうぎ形 CBB′を求めればよい。　おうぎ形 CAA′の面積$=\pi\times10^2\times\frac{90}{360}=25\pi$(cm²)

おうぎ形 CBB′の面積$=\pi\times6^2\times\frac{90}{360}=9\pi$(cm²)　より，求める面積$=25\pi-9\pi=16\pi$(cm²)

7 （2）△ABE は二等辺三角形より，∠ABE＝∠AEB＝(180°－26°)÷2＝77°

平行四辺形は向かい合う角が等しいので，∠ADC＝77°　また，∠CDE＝30°より，∠ADE＝77°－30°＝47°

平行線の錯角は等しいので，∠ADE＝∠CED　よって，∠AED＝180°－∠AEB－∠CED＝180°－77°－47°＝56°

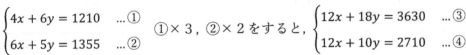

1	（1）2　（2）25　（3）$2a+3b$　（4）$\frac{3a+5b}{4}$　（5）$6x^2$
2	（1）$5x+3y>1200$　（2）9つ　（3）$x=10$　（4）$b=-2a+3c$ （5）4　（6）$y=-\frac{2}{3}x$　（7）4 cm　（8）ウ，オ
3	（1）エ　（2）3.5本　（3）イ
4	（1）3通り　（2）$\frac{1}{3}$　（3）$\frac{4}{5}$
5	（1）-4　（2）$y=\frac{6}{x}$　（3）8
6	（1）35　（2）$3x-1$　（3）447番目
7	（1）$y=6$　（2）$y=-2x+20$　（3）ア

解説

1　（2）$16+9$　（3）$4a+8b-2a-5b$　（4）$\frac{a+7b+2(a-b)}{4}=\frac{a+7b+2a-2b}{4}$　（5）$4x^2y\times\frac{3}{2y}=2x^2\times 3$

2　（2）$0,\ \pm1,\ \pm2,\ \pm3,\ \pm4$　（3）$5x-10=4x$　$5x-4x=10$　（4）$3c=2a+b$　$-2a+3c=b$

（5）$5\times(-2)+2\times7=-10+14$　（6）$y=ax$ の式に $x=3,\ y=-2$ を代入して，$-2=3a$　$a=-\frac{2}{3}$

（7）球の体積は，$V=\frac{4}{3}\pi r^3$ であるので，球Aの体積は，$\frac{4}{3}\pi\times3\times3\times3=36\pi(\mathrm{cm}^3)$

円柱の体積は，$V=$(底面積)$\times$(高さ)　より，高さを x とすると，$\pi\times3\times3\times x=9\pi x(\mathrm{cm}^3)$

よって，$9\pi x=36\pi$　この方程式を解くと，$x=4(\mathrm{cm})$

（8）ウの面が正面に来るように立体を組み立てると右図のようになる。

アとカはABをふくみ，ウとオはABに垂直で，イとエはABに平行である。

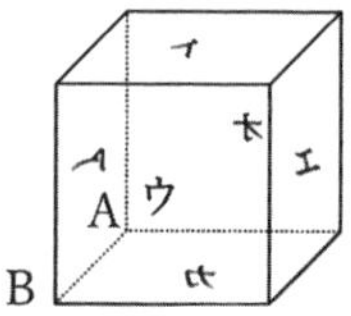

3　（1）平均値$=\frac{2\times2+3\times3+4\times1+5\times4+6\times3+7\times3+8\times1+9\times2+10\times1}{20}=\frac{4+9+4+20+18+21+8+18+10}{20}=\frac{112}{20}=5.6$(点)

中央値は10番目と11番目の数の平均値より，$\frac{5+6}{2}=\frac{11}{2}=5.5$(点)　最頻値：5点

（2）四分位範囲＝第3四分位数－第1四分位数　第1四分位数：$\frac{2+3}{2}=2.5$(本)　第3四分位数：$\frac{6+6}{2}=6$(本)

（3）ア：この箱ひげ図からは平均値は読み取れない。

イ：各教科の最低点は，国語：約26点　数学：約17点　英語：約31点　$26+17+31=74$(点)より，○

ウ：数学の第1四分位数が60点以上でなく，確実ではない。エ：英語の第3四分位数が80点以上でないので×

4　（1）$(3,6),\ (3,9),\ (6,9)$　（2）すべての場合の数は，$(1,2)$, $(1,3)$, $(1,4)$, $(1,6)$, $(1,9)$, $(2,3)$, $(2,4)$, $(2,6)$, $(2,9)$, $(3,4)$, $(3,6)$, $(3,9)$, $(4,6)$, $(4,9)$, $(6,9)$ の15通り　よって，$\frac{5}{15}=\frac{1}{3}$

（3）2数の積が3の倍数になるには，少なくとも一方に3の倍数があればよい。よって，（2）であげた組み合わせの中から，3, 6, 9が少なくとも1つは入っている組み合わせを数えると，12通り　したがって確率は，$\frac{12}{15}=\frac{4}{5}$

5　（1）変化の割合$=\frac{y\text{の増加量}}{x\text{の増加量}}$ より，$y=-\frac{1}{2}x+4$ では，$-\frac{1}{2}=\frac{y\text{の増加量}}{8}$　yの増加量$=-\frac{1}{2}\times8=-4$

（2）$y=-\frac{1}{2}x+4$ に点Aの x 座標である2を代入して y 座標を求めると，$y=-\frac{1}{2}\times2+4=-1+4=3$　A(2, 3)

反比例のグラフだから，求める式は $y=\frac{a}{x}$ と表される。$y=\frac{a}{x}$ に点Aの $x=2,\ y=3$ を代入して，$3=\frac{a}{2}$　$a=6$

（3）（2）と同様に点Bの y 座標を求めると，$y=-\frac{1}{2}\times6+4=-3+4=1$

右図より，(△OAB)＝(長方形OLMN)－(△OAL)－(△ABM)－(△OBN)

長方形OLMNの面積$=\mathrm{ON}\times\mathrm{OL}=6\times3=18$

△OALの面積$=\frac{1}{2}\times\mathrm{OL}\times\mathrm{AL}=\frac{1}{2}\times3\times2=3$

△ABMの面積$=\frac{1}{2}\times\mathrm{AM}\times\mathrm{BM}=\frac{1}{2}\times(6-2)\times(3-1)=\frac{1}{2}\times4\times2=4$

△OBNの面積$=\frac{1}{2}\times\mathrm{ON}\times\mathrm{BN}=\frac{1}{2}\times6\times(1-0)=\frac{1}{2}\times6\times1=3$

よって，△OAB$=18-3-4-3=8$

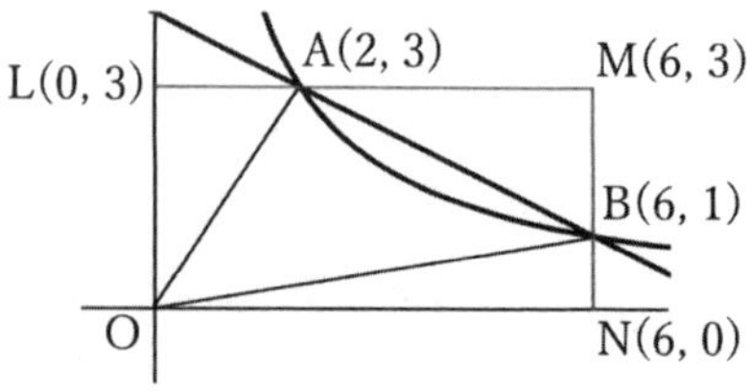

6　（1）2が1番目の数で，それ以降は3ずつ増えているので，2, 5, 8, 11, 14, 17, 20, 23, 26, 29, 32, 35・・・と続く。

（2）右図のように，x 番目までに3が $(x-1)$ 個あるので，x 番目の数は，$2+3(x-1)=3x-1$

（3）（2）より，$3x-1=1340$ を解けばよい。$x=447$ より，447番目

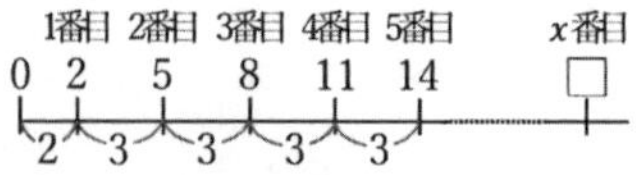

7　（1）$\mathrm{AQ}=4\div2=2$　3秒後は，$\mathrm{AP}=2\times3=6$　よって，$y=\frac{1}{2}\times2\times6=6$

（2）右図より，$y=\frac{1}{2}\times\mathrm{AQ}\times\mathrm{DP}$　DP＝(辺AB＋辺BC＋辺CD)$-2\times x$

DP$=8+4+8-2x=-2x+20$　よって，$y=\frac{1}{2}\times2\times(-2x+20)=-2x+20$

（3）点Pが辺AB上を動くとき，$(0\leqq x\leqq4)$：$y=\frac{1}{2}\times2\times2x=2x$

点Pが辺BC上を動くとき，$(4\leqq x\leqq6)$：$y=\frac{1}{2}\times2\times8=8$(一定)

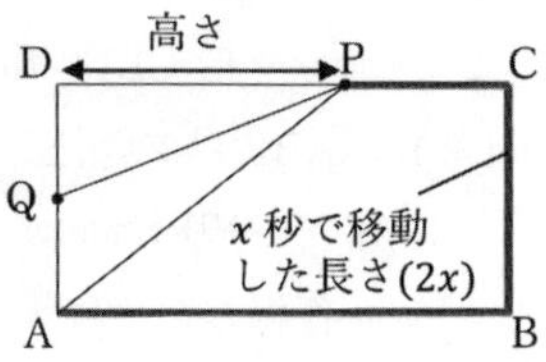

1 1（1）い　（2）C　（3）本初子午線　（4）エ　（5）ア

2（1）東南アジア諸国連合(ASEAN)　（2）イ　（3）EU

（4）(例)加盟国間では、国境でパスポートの検査がなく、自由に行き来できる。　（5）ウ

2 1（1）ⅰ.Z　ⅱ.潮目《しおめ》(潮境《しおざかい》)　（2）ア　（3）再生可能エネルギー　（4）ウ

2（1）イ　（2）ア　（3）㋑　（4）エ

3 1（1）ア　（2）ウ　（3）執権，イ　（4）イ　（5）イ

2（1）大宝律令《たいほうりつりょう》　（2）ア　（3）徳政令《とくせいれい》(永仁の徳政令)　（4）太閤検地《たいこうけんち》(検地)

（5）武士と農民の身分の区別が明確になっていった。

4 1（1）武家諸法度《ぶけしょはっと》　（2）蔵屋敷《くらやしき》　（3）西廻《まわ》り航路　（4）アイヌ　（5）ア，エ

2（1）浦賀　（2）A、C　（3）桜田門外《さくらだもんがい》の変《へん》　（4）大政奉還《たいせいほうかん》　（5）ウ→イ→ア

解説

1 1（1）あ.大西洋　い.インド洋　う.太平洋

（2）地図1は中心からの距離と方位が正しい地図である。

A.オーストラリア　B.ブラジル　C.サウジアラビア　D.南アフリカ共和国

（5）Ⅰ.カナダ北部の寒帯の地域　Ⅱ.ペルーの高地

2（2）X国はタイ

（5）Zは地中海。アルプス山脈より南の地域で、夏は高温・乾燥に強い果樹、雨が降る冬は小麦などを栽培。

2 1（1）X.対馬《つしま》海流　Y.黒潮(日本海流)　W.リマン海流　（2）M.水力　N.原子力

（4）㋐の瀬戸内は山地にはさまれていて季節風がさえぎられ、㋑の中央高地は山地に囲まれているため、一年を通じて降水量は少なめである。

2（1）Bは野菜。Cの肉類とDの果実は貿易自由化により、自給率が大きく下がった。

（2）三角州は、水が地下にしみこみにくく、水田に使われることが多い。

（3）航空の輸送は軽量・小型・高価な品目に適していることから㋑は関西国際空港。㋐は自動車の輸送が多いことから名古屋港。㋒は神戸港。　（4）十勝平野は畑作地帯。米の生産地は石狩平野。

3 1（2）浄土宗の教えを広めたのは法然。浄土真宗の教えを広めたのは親鸞《しんらん》。

（3）フビライ・ハンが日本を従えようと使者を送るが、北条時宗がこれを無視したため、元軍が二度にわたって攻めてきた。(元寇《げんこう》)

（4）コロンブスは大西洋を横断し、カリブ海の島に到着した。ルターはカトリック教会を批判し宗教改革を始めた。ラクスマンは江戸時代に日本に通商を要求したロシアの使節。

（5）アは織田信長の政策。　ウ・エは江戸時代に出された政策。

2（2）郡司《ぐんじ》には地方の豪族《ごうぞく》が任命された。

（5）太閤検地と刀狩により武士と農民の身分がはっきり分かれたことを兵農分離という。

4 1（5）本居宣長は「古事記伝」を著した国学者。伊能忠敬は日本地図を作製。

2（1）日本の開国を要求するためにアメリカ軍人ペリーが神奈川県の浦賀に来航。

（2）Aは函館、Bは新潟、Cは下田(静岡)、Dは兵庫(神戸)、Eは長崎

日米修好通商条約では、函館、横浜(神奈川)、長崎、新潟、神戸(兵庫)を開港した。

（3）井伊直弼は幕府に反対する大名や公家を処罰(安政の大獄)し、暗殺された。

（5）アは1868～1869年の旧幕府軍と新幕府軍の戦い。　イは1867年大政奉還後に朝廷側が出した、天皇中心の政治にもどすという宣言。　ウは1866年坂本龍馬らの仲立ちで薩長同盟が結ばれ、倒幕を目指した。

1 1（1）北アメリカ州　（2）内陸国　（3）ナイル川　（4）エ　（5）あ.ア　い.モノカルチャー
2（1）Ⅰ.イ　Ⅱ.ア　（2）Ⅰ.多国籍企業　Ⅱ.ウ　Ⅲ.中国　（3）イ、ウ

2 1（1）ウ、エ　（2）イ、ウ　（3）㋒　（4）エ　（5）イ
2（1）ウ　（2）イ　（3）イ　（4）A、石狩《いしかり》平野　（5）D

3 1（1）B　（2）ア　（3）定期市　（4）ウ　（5）ア、ウ
2（1）あ.源頼朝《みなもとのよりとも》　い.足利義満《あしかがよしみつ》　う.太政大臣《だいじょうだいじん》　（2）北朝.イ　南朝.エ
（3）(例)自分の娘を天皇のきさきにして、生まれた子を次の天皇にして政治の実権を握《にぎ》った。
（4）Ⅲ→Ⅰ→Ⅱ　（5）イ

4 1（1）ウ　（2）朱印船《しゅいんせん》貿易　（3）出島《でじま》　（4）Y　（5）エ
2（1）ア.④　イ.②　（2）エ　（3）人権宣言　（4）ウ　（5）Ⅰ.イ　Ⅱ.エ

解説

1 1（1）六つの州は、ヨーロッパ州、アジア州、アフリカ州、北アメリカ州、南アメリカ州、オセアニア州
（2）B国はスイス。モンゴル、ネパールなども内陸国。　（3）C国はエジプト。
（4）アフリカの北の地域ではイスラム教、南の地域ではキリスト教の信仰が多い。
（5）ブラジル以外の南アメリカのほとんどの国ではスペイン語が話される。
2（1）Ⅰ 大豆はブラジル，アメリカ，アルゼンチン　小麦は中国，インド，ロシア　綿花はインド，中国，アメリカで生産が多い。
Ⅱ 食料用としてのさとうきびの生産量が減り、食料が不足するおそれがある。
（3）オーストラリアの先住民はアボリジニ。ニュージーランドの先住民はマオリ。
オーストラリアの輸出品の中心は、以前は羊毛であったが、現在は鉄鉱石、石炭などである。

2 1（1）県庁所在地は栃木県は宇都宮市、茨城県は水戸市。
（2）排他的経済水域は沿岸から200海里以内。　兵庫県明石市を通る東経135度の経線は標準時子午線。
（3）㋐は飛驒山脈、㋑は奥羽山脈、㋒は紀伊山地　（4）㋓は福井県
（5）福島県は宮城県、山形県、新潟県、群馬県、栃木県、茨城県と接している。
鹿児島県は宮崎県、熊本県と接している。
2（2）Ⅰは機械工業の割合がきわめて高いので、自動車などの生産が盛んな中京工業地帯。
Ⅱは他より金属工業の割合が高いので阪神工業地帯。　Ⅲは京浜工業地帯。
（4）Aは石狩平野、Bは十勝《とかち》平野、Cは根釧《こんせん》台地。

3 1（1）Aはエジプト文明、Bはメソポタミア文明、Cはインダス文明、Dは中国文明。
（2）法隆寺は7世紀初めの飛鳥文化、東大寺は8世紀の天平文化、延暦寺・金剛峯寺は平安時代初期にそれぞれ造られた。
（3）鎌倉時代に月に3回定期市が開かれ、宋銭が使われた。
（4）日本は刀・銅・硫黄《いおう》・漆器《しっき》などを輸出、明からは銅銭・生糸《きいと》・絹織物・書画・陶磁器《とうじき》などを輸入した。
2（4）Ⅰは鎌倉時代、Ⅱは室町時代、Ⅲは平安時代末。

4 1（1）親藩《しんぱん》は徳川一門、譜代《ふだい》大名は初めから徳川家の家臣だった大名。
（4）豊臣氏が滅ぼされたのは1615年。
（5）第6代、7代将軍の下で政治を行った新井白石が金銀の海外流出を防ぐため、長崎貿易を制限した。
2（4）蝦夷地や樺太の調査を行い、蝦夷地を幕府の直接の支配地にした。
（5）本居宣長は「古事記伝《こじきでん》」、曲亭(滝沢)馬琴は「南総里見八犬伝《なんそうさとみはっけんでん》」。

解答例　理科－1

1 1 (1) イ　(2) 青紫　(3) ①：イ　②：オ　(4) i：アミラーゼ　ii：ブドウ糖

2 (1) ① ウ→ア→イ→エ　② エ　③ D，子房　(2) i：イ　ii：ウ

2 1 (1) 石基《せっき》　(2) 等粒状《とうりゅうじょう》組織

(3) マグマが地下深くで時間をかけてゆっくり冷え固まったから。　(4) イ

2 (1) a：伝えやすく　b：同じになる　(2) 露点　(3) 70%　(4) ア

3 (1) CO_2　(2) X：ウ　Y：イ　Z：質量保存の法則　(3) イ

(4) 空気中の酸素とよく反応させるため。　(5) 黒色

(6) 右図　(7) 4：1　(8) 0.70 g

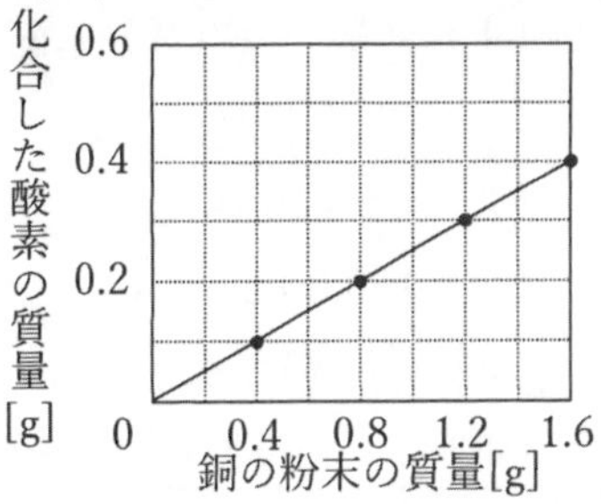

4 1 (1) 電磁誘導　(2) 左　(3) 速く動かす。　(4) イ

2 (1) 比例関係　(2) 2.5cm　(3) ①：ウ　②：オ

解説

1 1 (1)急に沸騰するのを防ぐために沸騰石を入れる。　ベネジクト液は加熱しないと反応しない。

加熱する際は，熱を均等に加えて反応を全体的に進めるために，軽く横に振る。

(2)ヨウ素(溶)液は，デンプンに反応して青紫色に変わる薬品。

(3)デンプンが分解されたことはヨウ素液の反応から，糖ができたことはベネジクト液の反応から確認できる。

2 (1)①花の外側にあるものから，ウ(がく)→ア(花弁)→イ(おしべ)→エ(めしべ)の順に並んでいる。

②スケッチは，細い一本線で精密にはっきりとかく。重ねがきやぬりつぶし，影をつけたりはしない。

③A：やく(花粉が入っている)　B：がく　C：柱頭　受粉すると，子房は果実に，胚珠は種子になる。

2 1 (1)A にみられる比較的大きな鉱物の部分を斑晶《はんしょう》という。

(2)火成岩 A のようなつくりを斑状《はんじょう》組織という。

(3)火成岩 A は，マグマが地表や地表近くで急に冷え固まってできているから，鉱物の大きさがバラバラである。

(4)

火山の形	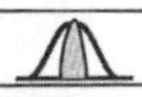	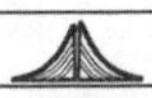	
マグマのねばりけ	強い	中間	弱い
溶岩の色	白っぽい	中間	黒っぽい
噴火のようす	爆発的	中間	穏やか
例	雲仙《うんぜん》普賢岳《ふげんだけ》	富士山	キラウエア

2 (3) 14℃のときの飽和水蒸気量は 12.1g/m³なので，この空気は 1 m³あたり 12.1 g の水蒸気をふくんでいる。

また，表より 20℃のときの飽和水蒸気量は，17.3g/m³なので，

$$湿度(\%)=\frac{空気1\,m^3中の水蒸気量[g/m^3]}{飽和水蒸気量[g/m^3]}\times 100=\frac{12.1}{17.3}\times 100=69.9\cdots\fallingdotseq 70[\%]$$

(4)ア：水(液体)→氷(個体)への状態変化　イ：体温近い息が口から出た途端に冷えて飽和水蒸気量が小さくなり，露点以下になって水蒸気が小さな水滴(くもった息)になる。　ウ：熱いお茶表面の空気の温度は高いが，表面から上にあがった空気は冷やされて水蒸気が小さな水滴(湯気)になって空気中に浮かぶ霧が発生した。

3 (1)$NaHCO_3$(炭酸水素ナトリウム)+HCl(塩酸)→ NaCl(塩化ナトリウム)＋H_2O(水)＋CO_2(二酸化炭素)

(3)ふたを開けると，発生した気体(二酸化炭素)の一部が外に逃げるため，反応前に比べて質量が減少する。

(6)0.40 g の銅粉末を加熱すると，0.50 g の酸化銅ができている。よって，化合した酸素は 0.50[g]－0.40[g]=0.10[g]

(7)(6)のグラフから，銅の質量：酸素の質量＝0.40：0.10＝4：1

(8)酸化銅の質量：銅の質量＝5：4　銅の質量：酸素の質量＝4：1 より，酸化銅の質量：酸素の質量＝5：1

よって，酸化銅にふくまれている酸素の質量を x とすると，5：1＝3.50：x より，x=0.70[g]

4 1 (1)このときに流れる電流を誘導電流という。

(2)異なる極を同じ向きに動かしたり，同じ極を反対向きに動かしたりすると，誘導電流の向きが逆になる。

(3)コイルの巻き数を増やしたり，強い磁力の棒磁石にかえたりしても誘導電流の大きさは大きくなる。

(4)はじめはコイルに N 極が近づいてくるので，図 9 と同様に右に振れ，途中から N 極が離れていくので左に振れる。

2 (1)ばねののびが，ばねを引く力の大きさに比例することをフックの法則という。

(2)図 11 より，0.4N のとき，ばねは 2.0cm のびている。また，50 g は 0.5N であるから，0.4：2＝0.5：x

(3)弦を強くはじくと振幅が大きくなり，大きい音が出る。　弦を強くはるほど振動数が多くなり，高い音が出る。

また，弦を細くする，弦の長さを短くするほど振動数が多くなり高い音が出る。

解答例　理科－2

1　1（1）ア　（2）ウ　（3）小さくなった。　（4）C, D

2（1）ア　（2）白くにごる。　（3）ウ→イ→ア　（4）①：炭素　②：酸化銅

（5）X：　Y：　(XとYは逆でも可)

2　1（1）(光の)反射　（2）B, C, D　（3）ウ　（4）虚《きょ》像

2（1）イ　（2）3A　（3）9W　（4）①：小さく　②：大きく　③：大きく

3　1（1）蒸散　（2）水面からの水の蒸発を防ぐため。　（3）12.5 g　（4）ウ

2（1）① 背骨があるか，ないか。　② ⅰ：アサリ　ⅱ：外とう膜　③ エ

（2）① 0.16秒　② ア→エ→カ

4　1（1）1008hPa　（2）天気：くもり　風向：東　風力：3　（3）エ

（4）①：弱まった　②：偏西風

2（1）E　（2）a：古生代　b：示準　（3）流れる水のはたらきで，角がとれるから。　（4）凝灰岩

解説

1　1 (1)銀などの金属，炭素などは1種類の元素がたくさん集まってできているため，分子をつくらない。
また，塩化ナトリウムや酸化銅などの金属化合物の多くも分子をつくらない。

(2)状態変化しても，粒子の数や大きさが変化することはない。
固体→液体→気体の順に粒子同士の間隔が広くなり，粒子の運動が激しくなるため，体積は大きくなる。(水は例外)

(3)状態変化によって，体積は大きくなるが，質量は変化しない。密度＝物質の質量[g]÷物質の体積[㎤]

(4)融点：固体がとけて液体に変化するときの温度　沸点：液体が沸騰して気体に変化するときの温度
よって，融点＜－20℃＜沸点 である物質が，－20℃のとき液体である。

2 (1)炎の色が赤いときは，空気調節ねじを反時計回りに回してゆるめ，炎の色を青色にする。

(2)発生した気体は二酸化炭素なので，石灰水を白くにごらせる。

(3)石灰水が逆流して試験管Aが割れるのを防ぐために，ガラス管を石灰水から取り出したあとにガスバーナーの火を消さなければならない。その後，空気が試験管Aに入り，銅が酸化されるのを防ぐため，ゴム管をピンチコックで閉じる。

(4)(5) $2CuO + C \rightarrow 2Cu + CO_2$（還元：$CuO \rightarrow Cu$　酸化：$C \rightarrow CO_2$）

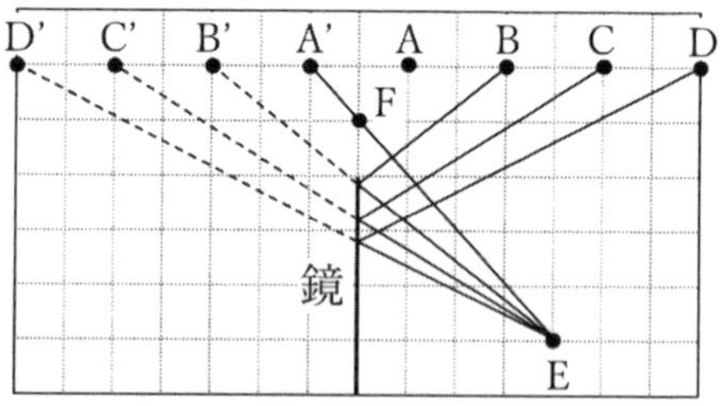

2　1 (2)光は右図の実線で示したように進むので，見えるのはB, C, D
もし，点Fまで鏡があれば，Aも見えるようになる。

(3)実像は上下左右が逆向きの像ができる。

(4)物体が焦点の内側にあるとき虚像が見える。
表から，この実験で使用した凸レンズの焦点距離は10cmとわかるので，5cmは焦点の内側で，虚像が見える。

2 (1)回路に直列につないであるので，電流計。電流計や電圧計の＋端子には電源の＋側の導線をつなぐ。

(2)抵抗2Ω，電圧6Vなので，オームの法則(V[V]＝R[Ω]×I[A])より，I[A]＝V[V]÷R[Ω]　6[V]÷2[Ω]＝3[A]

(3)電熱線bに流れる電流の大きさは，(2)と同様に考えて，$6=4\times I$　$I=1.5$[A]
電力[W]＝電流[A]×電圧[V]より，電力[W]=1.5[A]×6[V]=9[W]

(4)電流＝電圧÷抵抗より，電圧が一定のとき，抵抗の値が小さいほど流れる電流が大きくなり，電力も大きくなる。

3　1 (1)気孔から水蒸気は放出される。気孔は葉の裏側に多い。

(3)ワセリンは気孔をふさいで蒸散が行えないようにするためのものである。
蒸散は，葉の表，葉の裏，茎などから行われている。A～Cの蒸散が行われている場所を○で示すと，右の表のようになる。よって，葉の裏側からの蒸散量は
(全体の蒸散量)－(葉の裏側以外からの蒸散量)＝(100－79)－(100－91.5)＝12.5[g]

	A	B	C
葉の表	×	○	○
葉の裏	○	×	○
茎など	○	○	○

(4)道管に色がつく。アジサイは双子葉類。　エは単子葉類の縦断面図。

	単子葉類	双子葉類
横断面	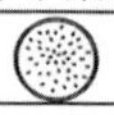	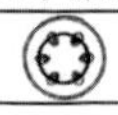
縦断面		

2 (1)ウサギ，イルカは哺乳類　カエルは両生類　カメはハ虫類　マグロは魚類
ハトは鳥類　アサリは軟体動物　エビは節足動物の甲殻類　バッタは節足動物の昆虫類

(2)②目や耳などの感覚器官で受け取った刺激は，せきずいを通らず直接脳に伝えられる。

4　1 (1)等圧線の細い線は4hPaごとに引かれる。1020hPaの高気圧を基準に考えると，Xは外側に向かって3本目の線。

(3)北半球では，台風や低気圧は中心部へ反時計回りに風がふきこみ，中心付近ではふきこんだ大気で上昇気流が生じる。

2 (1)地層はふつう下にある層ほど古い。　(3)堆積岩は堆積する前に流水で運ばれるため，粒が丸みを帯びている。

一　1 エ　2 ア　3 ウ　4 エ

二　1 慎重　2 渋滞　3 就職　4 雑談

三　1 イ　2 ②　3 イ　4 ウ

5 食事、運動、薬の知識（順不同）　6 イ

四　1 ウ　2 エ　3 ア　4 ウ　5 イ

五　1 エ　2 故人西のかた黄鶴楼を辞し

3 第四句　4 イ

六　（例）右の文章

私は、年中行事に合わせた伝統的な料理があることについて伝えたいです。

なぜなら、私は料理ごとにそれぞれ違った願いが込められていることがすばらしいと感じているからです。例えば、おせち料理には今年一年の家族の幸せ、桃・端午の節句の料理には子供達の無事な成長を願う気持ちが込められています。友人には、伝統料理に込められた願いを理解してもらってから、実際に味わってもらいたいです。

解説

一　1　頒布《はんぷ》：特定のものを特定の人に配ること。　朗《ほが》らか：気分が明るいようす。

廃《すた》れる：はやらなくなる。おとろえる。　繕《つくろ》う：見た目を体裁《ていさい》よく整える。

三　1　乗馬：動詞の後に目的語がある。（馬に乗る）　絵画：似た意味どうし

登山：動詞の後に目的語がある。（山に登る）　寒暖：反対の意味どうし　無効：前が後を打ち消す

2　②はサ行変格活用（サ行変格活用の動詞は「する」「一する」だけ）

①・③は五段活用（後に「ナイ」をつけて見分ける。ナイの前がア段なら五段活用）　使わナイ　願わナイ

4　「家康の堅実《けんじつ》さを表しており…」と書かれていることからもわかる。

自画自賛《じがじさん》：自分で自分のしたことをほめること。　順風満帆《じゅんぷうまんぱん》：非常に順調なようす。

有言実行《ゆうげんじっこう》：言ったことは責任をもって実行すること。

奇想天外《きそうてんがい》：あっと言わせるほど、思いつきが変わっているようす。

四　1　傍線部①とウは、「どうやら・・・であるらしい」と言いかえられる。

2　後の「バスケを続けるかは……」の凌太の返答よりわかる。

3　傍線部③の三行前の文「その言葉は話を聞いていただけの……」よりわかる。

4　「胸を打たれる」はひどく感動させられるという意味。

五　1　一句の字数が七文字で四行の詩なので七言絶句。　一句の字数が七文字で八行の詩は七言律詩。

一句の字数が五文字で四行の詩は五言絶句。　一句の字数が五文字で八行の詩は五言律詩。

2（書き下し文）　故人《こじん》西のかた黄鶴楼《こうかくろう》を辞《じ》し　煙花《えんか》三月揚州《ようしゅう》に下る

孤帆《こはん》の遠影碧空《えんえいへきくう》に尽き　惟《た》だ見る長江《ちょうこう》の天際《てんさい》に流るるを

3　第四句は「長江の天際に流るるを惟だ見る」をあえて「惟だ見る長江の天際に流るるを」と倒置法を用い、印象を深めている。

（意味）　親しい友の君は、この西の地にある黄鶴楼に別れを告げ、花がすみにけむる三月に、揚州へと舟で下っていく。遠ざかる舟の帆は青空の中に消えていき、あとは長江が空の果てまで流れていくのが見えるだけである。

一　1 しゅうしゅう　2 こうけん　3 はんも　4 ゆる

二　1 散策　2 専門　3 根幹　4 白熱

三　1 のぎへん　2 ア　3 ウ　4 Ⅱ

5 (例)「自分の話」にすり替えてしまう（15字）

6 ウ

四　1 ア　2 環境を操作する能力が非常に高い

3 エ　4 i.(太陽の)光　ii.水　5 イ　6 イ

五　1 ① いう　⑦ いいなおし　2 イ　3 ウ

4 イ　5 エ

六　1 ア　2 ア　3 エ　4(例)右の文章

私は、県外へ転校した友達と文通をしています。友達からの手紙には、転校先のクラスのことや新しく入った部活のことなどが、毎回詳しく書いてあります。メールなどと違い、文字やイラストなどから友達の感情が伝わってくることと、一生懸命文章を考えながら書いてくれていることで友達の思いがより伝わります。私も今の学校のようすなどを詳しく書いて伝えたいので、これからも文通を続けたいです。

解説

一　収拾：乱れている状態を落ち着かせること。　貢献：何かのために力をつくし、役に立つこと。

繁茂：草木がおいしげること。　緩む：緊張がなくなる。

二　散策：気晴らしに外をぶらぶら歩くこと。　専門：一つのことがらについて研究し、くわしいこと。

根幹：ものごとを成り立たせるいちばん大事なところ。　白熱：いちばん熱をおびた状態になること。

三　3　言い切りの形の語尾がイで終わる。また、イを「クなる」と言いかえられるものが形容詞。

4　本文6行目から9行目に「会話ナルシスト」の説明があり、そのあとに「あなたの周りに……」と続く。

5　Aさんにとってつまらないと思わせてしまう会話はどのような場合かに着目する。

四　1「きっと」「おそらく」は副詞、「きれいな」は形容動詞、「かわいい」は形容詞、「大きな」は連体詞。

2 本文6行目

3 本文最後から4行目以降に筆者の考えが書かれている。

5 前の文が、□の後の文の理由を説明している。

五　(訳)孝道入道が仁和寺の自分の家で双六を打っていると、隣に住んでいる越前房という僧が来て、勝ち負けの判定をすると言って余計な口出しをするのを、(孝道入道は)感じが悪いと思うけれども、何も言わずに双六を打っていると、僧が余計な口出しを途中でやめて席を立った。

帰ったと思って、亭主(孝道入道)は「この越前房はいい加減な人だなあ。」と言うと、例の僧はまだ帰っていなくて、亭主の後ろに立っていた。双六の相手が、またものを言わせまいと思って、亭主のひざをつついたところ、亭主がうしろを振りかえって見ると、僧がまだいた。このとき即座に「越前房は(背が)高くもなく、低くもなくちょうどいいお方だ。」と言い直したとのこと、頭の回転の良さは、とてもおもしろかった。

六　1 語尾に「ナイ」をつけると、書かナイ　「ア段の音＋ナイ」なので、五段活用